Partydrinks & Cocktails

Partydrinks & Cocktails

Inhalt

Einleitung

Einleitung

Mixgetränke sind Kult. Nie waren sie populärer als heute, und nie war ihre Fangemeinde größer und internationaler. Das Erfolgsgeheimnis der Mixgetränke liegt in ihrer schier unerschöpflichen Vielfalt. Ob mit oder ohne Alkohol, gerührt oder geschüttelt, durstlöschend oder appetitanregend, kalt oder heiß – für jeden Anlass, jede Stimmung, jede Tages- und Jahreszeit bieten sie das passende Rezept. Die pure Lust auf Geschmack steht dabei im Vordergrund. Aber auch das Auge darf mittrinken. Denn formschöne Gläser, das außergewöhnliche Farbspiel der Mixturen und originelle Deko-Ideen sind Teil einer jeden Getränke-Inszenierung.

Tausende fantasievoller Rezeptkreationen sind der Mixgetränke-Euphorie der vergangenen Jahre zu verdanken. Da ist es nicht immer einfach, den Überblick zu behalten. In der Cocktailbar, im Restaurant oder in der Hotellounge können engagierte Barkeeperinnen und Barmixer den Ausflug in die Welt der Long- und Shortdrinks, der Shakes und Smoothies, der Flips und Fizzes empfehlend begleiten. In der privaten Hausbar ist eigenes Know-how gefragt. Denn wahrer Trink-Genuss impliziert Können ebenso wie Kennerschaft.

Die bekanntesten Mixgetränke sind und bleiben Cocktails. Doch schon der Begriff selbst hat seine Tücken. Er stammt ursprünglich aus dem Amerikanischen und bedeutet – wörtlich übersetzt – „Hahnenschwanz" oder „Hahnenfeder". Zahllose Entstehungslegenden ranken sich um diese Namensgebung; besonders beliebt ist diejenige, die den Ursprung des Cocktails mit den in den Südstaaten einst beliebten Hahnenkämpfen in Verbindung bringt („let's have a drink on the cock's tail"). Die historische Substanz dieser Legenden ist selbst unter ausgewiesenen Experten umstritten.

Die erste ‚Cocktail'-Definition lieferte im Jahre 1806 eine amerikanische Zeitschrift, die darunter eine Zusammenstellung von „Spirituosen irgendwelcher Art, Zucker, Wasser und Bitters" verstanden wissen wollte. Im klassischen Sinn verwenden Fachleute den Begriff ‚Cocktail' für all jene Mischgetränke, die aus mindestens zwei alkoholischen Zutaten bestehen, dabei jedoch eine Gesamtmenge von 5–10 Zentilitern nicht überschreiten. Im Gegensatz zu diesen durchaus hoch- oder höherprozentigen Shortdrinks haben die sog. ‚Longdrinks' mit einem Volumen meist zwischen 15 und 25 Zentiliter einen niedrigeren Alkoholgehalt: Hier werden in der Regel alkoholische Substanzen und alkoholfreie oder –arme Getränke (Orangensaft, Soda Wasser, Tonic, Sekt etc.) miteinander kombiniert. Abweichend von dieser strengen Definition wird ‚Cocktail' heute generell oft als Oberbegriff für unterschiedlichste Arten von Mischgetränken verwendet.

Bei allen Drinks, die in der klassischen amerikanischen Cocktail-Tradition stehen, bilden Spirituosen den Hauptbestandteil. Das gilt für „Collins" (ursprünglich mit holländischem ‚Old Tom Gin') und „Cobbler" (Sekt oder Wein) ebenso wie für ‚Fizzes' (Gin oder Whisky, häufig ein Eiweiß) und ‚Flips' (Cocktail mit Eigelb) oder die sog. ‚Sours', bei denen eine Spirituose, ursprünglich meist Whisky, mit Zitronensaft und Zuckersirup vermischt wird. Mixgetränke ohne Alkohol anzubieten, galt noch bis in die 1970er Jahre als Sakrileg. Erst ein neues Fitness-, Gesundheits- und Wellness-Bewusstsein brachte den Wandel. Mit den ersten Milchshakes wurden Mixgetränke kindergeburtstagstauglich. Seitdem ist es auch in der Cocktailbar durchaus opportun, einen alkoholfreien Cocktail zu bestellen.

Mixtechniken und Zubehör

Die Kunst der perfekten Mixgetränke-Herstellung beruht auf drei Säulen: hochwertige Zutaten, die richtige Mix-Technik und geeignetes Equipment.

Was die Zutaten anbelangt, so sind, gottlob, jene Zeiten längst vorbei, in denen Cocktails angeblich gemischt wurden, um damit die fragwürdige Qualität so manchen alkoholischen Gebräus aufzupeppen. Heute wissen die Profis: Jede Kreation ist nur so gut wie die schlechteste seiner Zutaten. Das gilt für die verwendeten Spirituosen in gleichem Maße wie für alle sonstigen Zugaben – vom Obst und Obstsaft über frische Eier bis hin zu den verschiedenen Milchprodukten.

Und es gilt auch für das erforderliche Equipment: Ein gewisses solides Basis-Repertoire ist für perfekte Kreationen unerlässlich. Dazu gehört in jedem Fall ein ‚Shaker', ein Schüttelbecher. In ihm wird durch Schütteln der verschiedenen Flüssigkeiten wie Spirituosen, Säfte, Ei, Sahne etc. – meist zusammen mit Eiswürfeln – ein Cocktail produziert. Shaker werden vielfach aus Edelstahl oder Silber hergestellt und können, je nach Modell, zwei- oder dreiteilig sein, je nachdem, ob ein Aufsatz mit Sieb zum Abseihen der gemixten Flüssigkeit dazugehört oder nicht. Profis verwenden meist ein separates Barsieb, ‚Strainer' genannt, weil dieses leichter und v.a. schneller zu reinigen ist.

Für Getränke, die gerührt, nicht geschüttelt sein wollen, ist ein Rühr- oder Barglas erforderlich. Sein Fassungsvermögen sollte nicht zu knapp bemessen sein, damit die zum Kühlen des Cocktails benötigte Menge Eis großzügig zugegeben werden kann. Im Barglas werden vor allem Shortdrinks gemixt, die keine Säfte oder trübenden Zutaten beinhalten. Da Rührgläser meist schlank und hoch sind, ist zum Rühren ein spezieller Löffel mit ausreichend langem Stil erforderlich. Praktisch ist es, wenn der Barlöffel gleichzeitig auch als Messlöffel dienen kann.

Überhaupt ist Messgenauigkeit eine der Grundvoraussetzungen für den Mixerfolg. Zutaten nach Augenmaß oder auf gut Glück zusammenzufügen, hat schon so manche Cocktail-Katastrophe heraufbeschworen. Empfehlenswert sind daher Messbecher oder

–gläser mit akribischer Zentiliter-Einteilung! Zu den ‚Musts' unter den Mix-Utensilien zählen schließlich noch geeignete Eisbehälter. Wird Eis in verschiedenen Sorten – gewürfelt, gestoßen, geschabt – benötigt, sollte man es separiert in verschiedenen Gefäßen aufbewahren, am besten gleich mit Zange oder Löffel dazu, denn Eis wird niemals per Hand umgefüllt!

Ein Schuss frischer Zitronen- oder Orangensaft ist schnell und effizient mit einer manuellen Zitruspresse hergestellt. Anders ist es, wenn Cocktails mit Sahne oder Speiseeis oder Erfrischungsdrinks auf der Basis von frischem Obst oder Gemüse auf der Wunschliste stehen. Dann kommen elektrische Mixer und Entsafter ins Spiel. Die praktischen Hauhaltshelfer machen die Zubereitung spezieller Cocktails, Shakes und Smoothies zum Kinderspiel.

Spätestens seit James Bonds beharrlichem Wunsch nach einem geschüttelten Martini-Cocktail („shaked, not stirred") wissen wir, dass sich über die richtige Form der Zubereitung eines Getränks durchaus streiten lässt. Im allgemeinen allerdings gibt es gute Gründe, die für die eine oder andere Zubereitungsform sprechen. Wann immer Zutaten miteinander vermischt werden sollen, die nur schwer eine stabile Emulsion eingehen mögen, ist das Shaken unabdingbar. Sollen z.B. Säfte oder Sahne, Eiweiß, Eigelb oder ein paar Tropfen Olivenöl dem Mix zugefügt werden, kann nur ein schnelles, aber kräftiges Schütteln die erwünschte Konsistenz ergeben. Auch Drinks, die sehr kühl serviert werden sollen, sind durch längeres Schütteln – in einem Shaker mit ordentlich viel Eis – am einfachsten auf die gewünschte Temperatur zu bringen. Spirituosen, die miteinander oder mit Sirup oder Likör zu mixen sind, lassen sich in einem Rührglas durch kurzes, kräftiges Umrühren (‚stirren') leicht herstellen. Mixgetränke, die nur ganz leicht oder überhaupt nicht gerührt werden sollen, etwa weil die Schichtoptik der einzelnen Flüssigkeiten zum gewünschten Effekt gehört, werden direkt im Servierglas zubereitet.

In allen Fällen ist es mit der Zubereitung allein noch nicht getan, denn daran schließt sich die ‚Kür' an – in Form einer ebenso stilvollen wie angemessen Dekoration.

Dekoration/Verzierung

Eine Getränke-Kreation, die nicht auch dem Auge schmeichelt, hat etwas versäumt. Umgekehrt ist Augenmaß bei der Auswahl des richtigen Glases und der passenden Dekoration durchaus förderlich: Denn dekorativer Bombast könnte den Verdacht schüren, dass vom Eigentlichen abgelenkt werden soll. Und das hat ein gute zubereitetes Getränk nun wirklich nicht verdient!

Die entscheidende Ausgangsfrage ist die nach dem richtigen Glas. Bei einer ‚Bloody Mary' im schalenförmigen Cocktailglas oder einem Kir Royal im Tumbler würde jeder Cocktail-Freund sich sofort schaudernd abwenden. Richtig ist ein Glas immer dann, wenn es zum einen deutlich größer ist, als es die Flüssigkeitsmenge erfordert, denn Cocktails sollten ein Glas nie randvoll füllen. Darüber hinaus gilt, dass die hochstieligen und meist dünnwandigen Cocktailgläser sich ideal für klare, gerührte Cocktails eignen, während die kleinen oder mittelgroßen Tumbler ebenso wie das sog. ‚Old-fashioned-Glas' für Cocktails „on the rocks", also mit einer ordentlich Portion Eis, einen würdigen Rahmen darstellen. Viele andere Getränke, zum Beispiel Saftshakes, sehen in einem klassischen Longdrinkglas gut aus. Cocktails auf Sekt- oder Champagnerbasis gehören zwingend in Champagnerkelch oder -glas. Für alle anderen Drinks und Shakes gilt eine einfache Grundregel: Je fantasievoller und exotischer der Drink, desto ausgefallener darf auch das Glas sein.

Eindeutige Vorgaben zur Cocktail-Dekoration sind selten. Sehr beliebt sind süße oder salzige Crustaränder. Die Kruste entsteht, wenn man das Glas mit der Öffnung nach unten auf einen Teller mit Zitronensaft stellt und anschließend wenige Millimeter in Zucker oder – je nach Getränk – auch mal in Salz taucht. Der Rand kann aber auch mal aus Zuckerperlen, Kokosraspeln oder Kakao bestehen und statt Zitronensaft kann auch mal als farbenfrohe Variante Kirsch- oder Himbeersirup eingesetzt werden. Eine Ausnahme bei der Dekoration können Cocktails mit frischem Ei bilden. Hier raten einige Barkeeper gern zum schmucklosen Auftritt – ein positives Signal dafür, dass man leicht verderbliche Zutaten mit aller gebotenen Sorgfalt und Schnelligkeit zu behandeln weiß.

Dass Nützliches zugleich auch ausgesprochen dekorativ sein kann, beweisen die zumeist gläsernen „Stirrer", dünne Rührstäbchen, die mit dem Cocktail serviert werden, oder auch farblich passend zum Getränk abgestimmte Trinkhalme, wie sie häufig bei Longdrinks zum Einsatz kommen. ‚Sticker',

feine Spießchen in unterschiedlichen Längen, stellen eine ebenso vielseitige wie praktische Verzehrhilfe für unterschiedliche Cocktail-Beigaben, von der Maraschinokirsche bis zur Olive, dar.

Jenseits solch funktioneller Cocktail-Accessoires beginnt das Reich der Fantasie und der Kreativität. Naheliegend ist, in der Ausgestaltung des Drinks und/oder des Glases einen Bezug zu den Mixzutaten herzustellen – eine Scheibe Zitrone, die mit dem verwendeten Zitronensirup korrespondiert, ein Stängel schwarze Johannisbeeren als Hinweis auf den verwendeten Cassis. Augenmenschen erfreuen sich an Cocktails, die auf Farbeffekte setzen, mit frischen grünen Minzeblättchen zum glutrotem Drink oder einer pinkfarbenen Blüte zum Tropical.

Immer dekorativ sind in Eiswürfel eingeschlossene Beerenfrüchte, wie zum Beispiel rote und schwarze Johannisbeeren. Auch lässt sich statt schnödem Wasser Saft einfrieren, der – je nach Sorte – zusätzliche Farbakzente setzen kann. Fruchtspieße gehören ebenfalls zum dekorativen Einmaleins der Getränke-Dekoration – und wer bei der Auswahl der Spieße auf Natur setzt und zum Beispiel Obst auf Zitronengras steckt, der landet garantiert einen Volltreffer.

Während gerade Hobby-Mixer beim Zubereiten von Cocktails gut daran tun, sich auf die erprobten Rezepte der Profis zu verlassen, können bei Fragen der Dekoration deutlich mehr spielerische und persönliche Akzente gesetzt werden. Ein Grund mehr, weshalb Cocktails unter allen Getränken ein Ehrenplatz in Sachen Individualität gebührt.

Spirituosen-ABC

Eine gut sortierte Cocktailbar verfügt heute über Hunderte verschiedener Spirituosen. Aber allen Hobby-Mixern zum Trost sei gesagt, dass solche Quantität nichts über die Qualität des einzelnen Cocktails aussagt. Auch mit einem Dutzend guter Spirituosen – und entsprechenden Zutaten – lassen sich hervorragende Drinks mischen. Wichtig ist nur, eine sinnvolle Grundausstattung zusammenzustellen, die es auch ermöglicht, ein breites Cocktail-Spektrum abzudecken.
Das nachfolgende Cocktail-ABC stellt 12 Spirituosen vor, die zusammen mit Sekt oder Champagner sowie Säften und Sirupen einen soliden Grundbestand darstellen:

Angostura:
Für den hochprozentigen Bitterlikör werden Enzianwurzel, Gewürznelken, Kardamom, Zimt und Chinarinde sowie Bitterorangen verwendet. Im Originalrezept kommt die Rinde des Angosturabaums nicht vor. Entwickelt wurde Angostura im 19. Jahrhundert von dem deutschen Arzt Johann Gottlieb Benjamin Siegert als Tonikum gegen Tropenkrankheiten. Der Würzbitter ist in Cocktails mit äußerster Sparsamkeit einzusetzen: Ein paar Tröpfchen zeigen schon eine nachhaltige Wirkung.

Brandy (Armagnac, Cognac, Weinbrand):
In allen Weinanbaugebieten wird auch Branntwein produziert. Weltweit größter Brandy-Produzent ist Spanien. Aus Frankreich stammen qualitätvolle Cognacs und Armagnacs. Frucht-Brandys müssen die verwendete Frucht im Namen tragen, z.B. Cherry-Brandy oder Apricot-Brandy.

Cachaça:

Die Karriere des ursprünglich brasilianischen Zuckerrohrdestillats begann in den 1990er Jahren mit dem Siegeszug des Caipirinhas. Mit seiner süß-sauren Frische und seiner enormen Anpassungsfähigkeit bietet er eine hervorragende Grundlage für alle erfrischend-exotischen Longdrinks. Zur festen Begleitung des Cachaça gehören Limetten.

Curaçao:

Die wichtigste Komponente des Curaçao ist ein aus den Schalen spezieller Bitterorangen gewonnenes Destillat. Der klassische Curaçao ist wasserhell. Besondere Beliebtheit genießen die – geschmacksidentischen – gefärbten Varianten (Blue, Red, Green), die beim Mixen für außergewöhnliche Farbeffekte sorgen. Der Curaçao Orange hat einen ausgeprägten Orangengeschmack und eine bräunliche, durch karamellisierten Zucker herbeigeführte Färbung.

Cointreau:

Er ist kristallklar und im Gegensatz zu den meisten anderen Likören nicht süß, sondern herb. Die für die Herstellung benötigten Schalen von bitteren und süßen Orangen werden nach einer geheimen Rezeptur gemischt. Mit seinem anregenden Geschmack eignet er sich exzellent zum Mischen von Longdrinks.

Campari:

Der italienische Kräuterbitter, 1862 in Mailand erstmals produziert, gehört zu den Cocktail-Klassikern. Seine ungebrochene Po-

pularität erklärt sich aus dem niedrigen Alkoholgehalt, den unkomplizierten Mischmöglichkeiten (z.B. mit Orangensaft oder Soda) und der magenfreundlichen Wirkung der Kräuterextrakte: Ein Drink für alle Fälle!

Gin:

Lange Zeit das Nationalgetränk der Engländer, ist Gin inzwischen zum internationalen Cocktail-Liebling avanciert. Wie beim holländischen Genever, der das Ur-Rezept für Gin lieferte, handelt es sich um ein Destillat, das mit Wacholder, Kräutern und Gewürzen, den so genannten „Botanicals" angereichert wird.

Rum:

Für den Schuss Exotik im Cocktail ist der aus Zuckermelasse produzierte Branntwein mit seiner karibisch-südamerikanischen Tradi-tion hervorragend geeignet. Zu unterscheiden sind schwere, leichtere und mittelschwere Rumsorten sowie weißer und brauner Rum, die beide zum Mixen sehr beliebt sind.

Tequila:

Der prominenteste mexikanische Beitrag zur internationalen Cocktail-Szene ist der Tequila. Hergestellt wird der Branntwein aus speziellen Agaven, angeboten sowohl in einer ‚weißen' als auch in einer (mit Karamel angereicherten) ‚goldenen' Variante.

Vermouth:

Vermouth hat seinen Namen vom Wermutkraut, das, mit Wein angesetzt, ursprünglich als Arznei verwendet wurde. Heute ist der Name Vermouth (in dieser Schreibweise) nur für italienische und französische Produkte zulässig. Die geschmackliche Bandbreite der Vermouths reicht von süßherb bis trocken. Sie sind sehr anpassungsfähig und daher ideal zum Mixen mit klaren Spirituosen oder Fruchtsäften.

Whisk(e)y:

Schottische und kanadische Getreidebrände werden ohne, irische und amerikanische mit ‚e' geschrieben. Auch geschmacklich gibt es Unterschiede, so dass zumindest zwei unterschiedliche Sorten zur Auswahl stehen sollten. Besonders weich und gut zu mixen ist der amerikanische ‚Bourbon', bei dem der Maisanteil mindestens 51 Prozent betragen muss.

Wodka:

Schon kurios: Das russische Nationalgetränk ist polnischen Ursprungs. Wodka (auf Deutsch: Wässerchen) ist ein hochwertiges Korndestillat, allerdings sehr ‚neutral' im Geschmack und dadurch beim Mixen vielseitig einsetzbar.

Hinweise zu diesem Buch

- Bei der Mengenangabe „1 Dash" handelt es sich um den Fachjargon für „1 Spritzer".
- Ein Barlöffel ist minimal größer als ein Teelöffel. Bei der Mengenangabe „1 Barlöffel" können Sie also auch „1 1/2 Teelöffel" verwenden.
- Ein Stirer ist ein langer Plastikspieß, der zum Umrühren verwendet wird.
- Wenn in Rezepten die Schale von Zitrusfrüchten verwendet wird oder als Dekoration zum Einsatz kommt, sollten ausschließlich unbehandelte Früchte verwendet werden.
- Alle Früchte sind vor der Zubereitung zu waschen, zu putzen und gegebenenfalls zu entkernen.

- Verwenden Sie bei Eiern und Obstsorten, wenn nicht anders angeben, stets mittelgroße Exemplare.
- Kräuter müssen vor ihrer Verarbeitung immer gewaschen und trocken geschüttelt werden.
- Beeren sollten Sie bereits vor dem Putzen waschen, damit kein Wasser in die Früchte dringt und das Aroma verwässert.
- Wenn Pfirsiche oder Aprikosen gehäutet verwendet werden, sollten Sie die Früchte kreuzweise einschneiden und die Stielansätze entfernen. Dann für ca. 10 Sekunden in einen Topf mit kochendem Wasser legen. Sobald die Schale anfängt sich zu lösen, das Wasser abgießen und das Obst häuten.
- Wenn nicht anders angegeben, werden Milchprodukte als Vollfettstufe verwendet. Das heißt: Milch: 3,5 %, Quark: 40 %, Joghurt: 3,5 % etc.
- Bei Rezepten mit rohen Eiern sollten ausschließlich ganz frische Exemplare verwendet werden.
- Bei kalten Getränken sollten die Gläser am besten gut gekühlt verwendet werden. Dafür die Gläser vor der Verwendung mit Crushed Ice füllen und kurz stehen lassen oder die Gläser in den Kühlschrank stellen.

Cheers!

Cocktails & Longdrinks

Daiquiri

Für 1 Glas
5 cl weißer Rum
3 cl Zitronensaft
2 cl Zuckersirup
Eiswürfel
1 Zitronenachtel

Rum, Zitronensaft und Sirup im Shaker mit viel Eis kräftig mixen und in ein Cocktailglas abseihen. Das Zitronenachtel hineingeben und servieren.

Cuba Libre

Den Rum auf Eiswürfel in ein Longdrinkglas geben, mit Cola auffüllen und die Zitronenscheibe hineingeben.

Für 1 Glas
4 cl weißer Rum
Eiswürfel
Cola
1 Zitronenscheibe

Peach-Daiquiri

Für 1 Glas

1 kleiner Pfirsich
2 cl Limettensaft
1 Spritzer Zitronensaft
1 cl Zuckersirup
4 cl weißer Rum
Crushed Ice
Limettenscheibe

Den Pfirsich kreuzweise einritzen und mit kochendem Wasser überbrühen. Anschließend häuten und das Fruchtfleisch pürieren. Limettensaft, einen Spritzer Zitronensaft und Zuckersirup dazugeben.

Das Ganze mit Rum und etwas Crushed Ice nochmals kräftig mixen und in ein Glas abseihen. Mit einer Limettenscheibe dekorieren.

Info

Der Daiquiri wurde nach einer Siedlung in Kuba benannt und soll der Lieblingscocktail von Ernest Hemingway gewesen sein.

Das Originalrezept finden Sie auf Seite 18, es gibt allerdings unzählige Variationen für den Cocktail. Frozen Daiquiris werden beispielsweise nicht geschüttelt, sondern mit viel Eis im Mixer zubereitet. Sie sind dann fast gefroren und haben eine sehr cremige Konsistenz. Andere Variationen werden, wie der Peach-Daiquiri, statt mit Zuckersirup mit Fruchtmark zubereitet. So erhalten Sie Mango-, Strawberry- oder Banana-Daiquiri.

Daiquiri Key West

Für 1 Glas

8 cl weißer Rum
1 cl Maraschino
4 cl Grapefruitsaft
2 cl Limettensaft
Crushed Ice

Rum, Maraschino, Grapefruit- und Limettensaft mit Crushed Ice mixen. In einen Tumbler abseihen.

Barracuda

Rum, Vanillelikör, Ananas-, Zitronen- oder Limettensaft mit Eiswürfel in ein kurzes Stielglas geben und umrühren. Mit Ananas und Trinkhalm servieren.

Für 1 Glas

4 cl weißer oder brauner Rum

2 cl Vanillelikör

6 cl Ananassaft

3 cl Zitronen- oder Limettensaft

Eiswürfel

1 Ananasscheibe

Mai-Tai

Für 1 Glas
2 cl weißer Rum
2 cl brauner Rum 75 Vol.-%
1 cl Curaçao white
1 cl Mandelsirup
2 cl Limettensaft
4 cl Ananassaft
2 cl Orangensaft
Crushed Ice
Limettenschale

Ein Ballonglas zur Hälfte mit Crushed Ice füllen. Anschließend Rum, Curaçao, Mandelsirup, Limettensaft, Ananassaft und Orangensaft darübergießen und verrühren. Den Glasrand mit Limettenschale dekorieren.

Planter's Punch

Rum, Säfte und Grenadine auf Eiswürfel in ein Longdrinkglas gießen und gut umrühren. Mit einem Fruchtspieß nach Belieben garnieren.

Für 1 Glas
4 cl Jamaica Rum
2 cl weißer Rum
2 cl Zitronensaft
4 cl Ananassaft
6 cl Orangensaft
1 cl Grenadine
Eiswürfel
1 Fruchtspieß

Pink Elephant

Für 1 Glas
4 cl brauner Rum
1 cl Zitronensaft
1 cl Grenadine
2 cl Crème de Bananes
6 cl Grapefruitsaft
6 cl Maracujanektar
Eiswürfel

Alle Zutaten in einen mit Eiswürfeln gefüllten Shaker geben und kräftig schütteln. Über ein Barsieb in ein Longdrinkglas auf einige Eiswürfel abseihen. Nach eigenem Geschmack garnieren.

Bahia

Alle Zutaten mit Eis in einen Shaker geben und gut mixen. Dann in ein Longdrink- oder Ballonglas füllen. Mit den Früchten dekorieren.

Für 1 Glas
6 cl weißer Rum
8 cl Ananas- oder Mangosaft
2 cl Cream of Coconut
Eiswürfel
1 Ananas- oder Orangenachtel

Caipirinha

Für 1 Glas

1 Limette

3 gehäufte Tl brauner Rohrzucker

Crushed Ice

5 cl Cachaça

Die Limette heiß abwaschen und in kleine Stücke schneiden. Limettenstücke und Rohrzucker in einen Tumbler geben und mit einem Stößel zerdrücken.

Das Eis in das Glas geben und Cachaça darübergießen. Den Caipirinha mit einem kurzen Trinkhalm servieren.

Info

Ersetzt man den Cachaça durch eine andere Spirituose, erhält man eine Vielzahl neuer Cocktails. In seinem Ursprungsland Brasilien heißen auch diese Variationen Caipirinha und es werden lediglich die alkoholischen Grundlagen für den Cocktail angegeben.

Hierzulande wird der Name meist an die Spirituose angeglichen, wie zum Beispiel in Caipiroska oder Caipiroschka (mit Wodka), Caipirol (mit Aperol), Camparinha (mit Campari) oder auch Caipisake (mit Reiswein).

Die alkoholfreie Variante des Caipirinha heißt übrigens Ipanema. Sie finden das Rezept auf Seite 156.

Acapulco

Für 1 Glas

4,5 cl weißer oder brauner Rum

0,8 cl Curaçao Triple sec

1,5 cl Limettensaft

1 El Läuterzucker

1/2 Eiweiß

Eiswürfel

1 Minzezweig

Rum, Curaçao Triple sec, Limettensaft, Läuterzucker, Eiweiß und Eiswürfel im Shaker kräftig schütteln und in eine Cocktailschale abseihen. Mit Minze garnieren.

Piña Colada

Flüssige Zutaten im Shaker mit gestoßenem Eis gut schütteln und in ein Longdrinkglas auf Eiswürfel abseihen. Mit einem Fruchtspieß dekorieren.

Für 1 Glas
4 cl weißer Rum
4 cl Ananassaft (ungesüßt)
4 cl Kokossirup
2 cl Sahne
1 Fruchtspieß
Crushed Ice

Tahitian Pearl

Für 1 Glas
3 cl Rum light
3 Barlöffel Maraschino
3 cl Limettensaft
1 Spritzer Kandissirup
1 Blüte
Eiswürfel

Rum mit Maraschino, Limettensaft und Kandissirup in einem Shaker kräftig schütteln. Die Eiswürfel in ein Glas geben und den Cocktail daraufgießen. Mit einer Blüte dekorieren.

Ananas Cobbler

Rum, Ananassirup und Zitronensaft in einem Rührglas gut verrühren. Ein Cobblerglas mit gestoßenem Eis füllen und den Cocktail darübergießen. Mit den Ananas- und Zitronenstückchen und der Maraschinokirsche dekoriert servieren.

Für 1 Glas
5 cl Rum
2 cl Ananassirup
4 Barlöffel Zitronensaft
1 Ananasstückchen
1 Zitronenstückchen
1 Maraschinokirsche
gestoßenes Eis

Papa Ernesto

Für 1 Glas
5 cl Rum Gold
3 cl Limettensaft
1,5 cl Honig
1 Limettenscheibe
Eiswürfel

Rum, Limettensaft und Honig in ein Rührglas geben. Umrühren bis sich der Honig gelöst hat. Einige Eiswürfel in einen Tumbler geben, den Cocktail daraufgießen und mit der Limettenscheibe servieren.

New Life

Rum, Cointreau, Pernod und Zitronensaft mit einigen Eiswürfeln in einen Shaker geben und kräftig schütteln. In ein Glas mit Crustarand abseihen und mit Trinkhalm servieren.

Für 1 Glas
1 cl Rum
2 cl Cointreau
1 cl Pernod
1 cl Zitronensaft
Eiswürfel

Mojito

Für 1 Glas
1 Handvoll Minzeblätter
2 cl Limettensaft
1 cl Zuckersirup
Crushed Ice
6 cl weißer Rum
Mineralwasser
1 Minzezweig

Die Minzeblätter in ein Longdrinkglas geben und mit einem Stößel zerdrücken. Limettensaft und Zuckersirup dazugeben und verrühren.

Das Eis mit dem Rum ins Glas geben. Gut verrühren und mit Mineralwasser auffüllen. Das Glas mit etwas Minze dekorieren.

Tipp

Zu diesem Cocktail passt gut ein Crustarand. Geben Sie hierfür etwas Limettensaft und braunen Zucker getrennt auf zwei kleine Teller. Tauchen Sie das Cocktailglas zunächst vorsichtig in Limettensaft und anschließend in den braunen Zucker.

Cocktailgläser sollten Sie immer gut vorkühlen. Geben Sie einfach reichlich Eis in die Gläser und lassen Sie sie eine Weile im Kühlschrank stehen.

Liberty

Für 1 Glas

4 cl Calvados
2 cl Rum
1 Barlöffel Läuterzucker
Calvadosäpfel
gestoßenes Eis
oder Eiswürfel

Calvados, Rum und Läuterzucker in einem Rührglas mit etwas gestoßenem Eis oder Eiswürfel verrühren, in ein Glas abgießen und mit Calvadosäpfeln und Eiswürfeln servieren.

English Cobbler

Rum, Zitronensaft, Läuterzucker und Tee in einem Rührglas gut verrühren. Die Eiswürfel in einen Tumbler geben, den Cocktail daraufgießen unc mit Johannisbeeren garnieren.

Für 1 Glas
6 cl Jamaica Rum
1,5 cl Zitronensaft
2 Barlöffel Läuterzucker
3 cl starker schwarzer Tee
3 Eiswürfel
Johannisbeeren

Cococabana

Für 1 Glas
2 cl weißer Rum
4 cl Batida de Coco
8 cl Ananassaft
1 Stückchen Ananas
1 Cocktailkirsche
4 Eiswürfel

Rum, Batida de Coco und Ananassaft mit den Eiswürfeln in einem Rührglas gut verrühren. In einen Tumbler mit Crustarand abseihen und mit dem Ananasstückchen und der Cocktailkirsche servieren.

Miami Beach

Eiswürfel, Rum, Cointreau und Zitronensaft in einem Shaker kräftig schütteln und in ein Longdrinkglas abseihen.

Für 1 Glas
3 cl Rum
1,5 cl Cointreau
2 Barlöffel Zitronensaft
3 Eiswürfel

Cafe Acapulco

Für 1 Glas

1 gehäufter Tl löslicher Kaffee

40 g Puderzucker

2 cl Rum

Zitronensaft

Eiswürfel

2 Zitronenscheiben

Den Kaffee mit Puderzucker in 1/4 l kaltem Wasser auflösen. Mit Rum und Zitronensaft abschmecken. In ein Longdrinkglas auf Eiswürfel gießen, mit Zitronenscheibe dekorieren und eiskalt servieren.

Eiskaffee Karibik

Starken Kaffee zubereiten und sofort abkühlen lassen. Mit dem Vanilleeis verschlagen und den Rum hinzufügen. Mit Eiswürfeln in vier Gläsern servieren.

Für 4 Gläser
6 Tl Kaffeepulver
4 große Kugeln Vanilleeis
8 cl weißer Rum
Eiswürfel

Kuba-Tee

Für 4 Gläser
4 Scheiben Ananas
Zucker
4 cl Rum
3 Tl schwarzer Tee
Saft von 1 Zitrone
Eiswürfel

Ananas würfeln, mit Zucker bestreuen und zugedeckt 1 Tag im Rum marinieren.

Tee mit 500 ml kochendem Wasser überbrühen, ziehen lassen. Nach dem Erkalten mit Zitronensaft mischen.

Eiswürfel und Ananasstücke auf Gläser verteilen und mit dem gut gekühlten Tee aufgießen.

Info

Die Ananas stammt ursprünglich aus Südamerika, ist aber heute weltweit in tropischen Gebieten verbreitet. Das Reifestadium erkennt man daran, dass sich die schwertförmigen Blätter mühelos aus dem Fruchtkörper ziehen lassen. Im reifen Stadium ist die Ananas vollsüß mit deutlich erkennbarer Säure im Hintergrund. Zu lange gelagerte Früchte beginnen zu alkoholisieren und am Stumpf zu schimmeln.

Royal Smile

Für 1 Glas
5 cl Gin
3 Barlöffel Zitronensaft
1,5 cl Grenadine
2 Eiswürfel

Gin, Zitronensaft und Grenadine in einen Shaker geben. Die Eiswürfel dazugeben und gut schütteln. In ein Longdrinkglas abseihen.

Singapore Sling

Das Longdrinkglas zur Hälfte mit Eiswürfeln füllen. Gin, Brandy, Zitronensaft und Zuckersirup dazugeben und mit Soda aufgießen. Das Glas mit einer Cocktailkirsche dekorieren.

Für 1 Glas
Eiswürfel
5 cl Gin
2 cl Cherry Brandy
3 cl Zitronensaft
Zuckersirup
Sodawasser
1 Cocktailkirsche

Gin Fizz

Für 1 Glas
4 Eiswürfel
4 cl Gin
2 cl Zitronensaft
1 cl Zuckersirup
Soda zum Auffüllen
1/2 Zitronenscheibe

Eiswürfel mit Gin, Zitronensaft und Zuckersirup im Shaker mischen und in ein Glas gießen. Mit Sodawasser auffüllen und die halbe Zitronenscheibe in das Glas geben.

Gimlet

Für 1 Glas
4 cl Dry Gin
2 cl Lime Juice
1 Tl Zuckersirup
Eiswürfel
Sodawasser nach Belieben

Die Zutaten in ein bis zur Hälfte mit Eiswürfeln gefülltes Rührglas geben, gut umrühren und durch einen Strainer in einen Tumbler geben. Je nach Geschmack mit Sodawasser auffüllen.

Tom Collins

Für 1 Glas
4 cl Gin
1 Tl Zuckersirup
etwas Zitronensaft
Sodawasser
Orangenscheiben und Cocktailkirsche

Gin, Zuckersirup und Zitronensaft auf Eiswürfel in ein Longdrinkglas geben, umrühren und mit kaltem Sodawasser auffüllen. Orangenscheiben und Cocktailkirsche auf den Glasrand stecken.

Savoy Hotel Spezial

Gin, Vermouth, Pernod und Grenadine in einer Cocktailschale verrühren und mit der Zitronenzeste dekorieren.

Für 1 Glas
4,5 cl Gin
1,5 cl Vermouth Dry
1 Spritzer Pernod
2 Spritzer Grenadine
1 Zitronenzeste

Barfly's Dream

Für 1 Glas
2 cl Gin
2 cl weißer Rum
2 cl Ananassaft
1 Physalis
1 Ananasstück
3 Eiswürfel

Gin, Rum und Ananassaft in einen Shaker geben und mit den Eiswürfeln gut schütteln. In ein kleines Cocktailglas abseihen. Mit der Physalis und dem Ananasstück garnieren.

Captain's Widow

Gin, Rum, Zitronensaft und Läuterzucker in einem Shaker kräftig schütteln. Ein Glas zu zwei Dritteln mit gestoßenem Eis füllen und den Cocktail daraufgießen. Mit einem Trinkhalm servieren.

Für 1 Glas
4 cl Gin
1 cl weißer Rum
2 cl Zitronensaft
1 Barlöffel Läuterzucker
gestoßenes Eis

Montmartre

Für 1 Glas
4 cl Gin
1,5 cl Curaçao Triple Sec
1,5 cl Vermouth Bianco
2 Cocktailkirschen
4 Eiswürfel

Gin, Curaçao und Vermouth in einem Rührglas mit den Eiswürfeln kräftig verrühren. In ein Longdrinkglas abseihen und mit den Cocktailkirschen dekorieren.

Pacific

Eiswürfel in ein Rührglas geben. Gin, Cointreau und Kirschwasser dazugeben, gut verrühren und in ein Cocktailglas abseihen. Mit den Cocktailkirschen garniert servieren.

Für 1 Glas
4 cl Gin
1,5 cl Cointreau
1,5 cl Kirschwasser
2 Cocktailkirschen
Eiswürfel

Monte Carlo Cocktail

Für 1 Glas

2 cl Gin

2 cl Grand Manier

1 cl Zitronensaft

1 cl Grenadine

3 Eiswürfel

Die Eiswürfel in einen Shaker geben. Gin, Grand Manier, Zitronensaft und Grenadine dazugeben und kräftig schütteln. In ein Glas abseihen.

Green Lady

Gin, Chartreuse, Zitronensaft und Eiswürfel in einen Shaker geben und kräftig schütteln. In eine kleine Cocktailschale abseihen.

Für 1 Glas
2 cl Gin
1 cl Chartreuse grün
1 cl Chartreuse gelb
Saft von 1/2 Zitrone
3 Eiswürfel

Exotic

Für 1 Glas
2 cl Sherry Cream
3 cl Gin
Zitronenlimonade
Süßkirschen

Sherry Cream und Gin in eine große Cocktailschale geben. Verrühren und mit Zitronenlimonade auffüllen. Mit Kirschen garnieren.

London Fog

Gin und Pernod verrühren. Ein Glas mit gestoßenem Eis füllen und den Cocktail daraufgießen. Mit einer Sternfruchtscheibe dekorieren.

Für 1 Glas
5 cl Gin
1,5 cl Pernod
gestoßenes Eis
Sternfruchtscheibe

Gin and Sin

Für 1 Glas
5 cl Gin
1 Spritzer Grenadine
1 Barlöffel Zitronensaft
1 Barlöffel Orangensaft
3 Eiswürfel

Gin, Grenadine sowie Zitronen- und Orangensaft in einen Shaker geben. Die Eiswürfel hinzufügen, kräftig schütteln und in einen kleinen Tumbler abseihen.

Angel's Face

Calvados, Gin und Brandy in einem Rührglas mit den Eiswürfeln verrühren. In eine Cocktailschale abseihen und nach Belieben mit Calvadosäpfeln dekorieren.

Für 1 Glas
2 cl Calvados
2 cl Dry Gin
2 cl Apricot Brandy
2 Eiswürfel
Calvadosäpfel nach Belieben

Moulin Rouge

Für 1 Glas
2 cl Gin
2 cl Apricot Brandy
2 cl Zitronensaft
1 cl Grenadine
Aprikosenspalten
4 Eiswürfel

Gin, Brandy, Zitronensaft und Grenadine im Shaker mit den Eiswürfeln kräftig schütteln und in eine Sektschale umgießen. Mit den Aprikosenspalten garniert servieren.

Jamaica Glow

Gin, Rum, Rotwein, Orangensaft und Eiswürfel im Shaker gut schütteln. In ein Glas mit Crustarand abseihen.

Für 1 Glas
3 cl Gin
1 Barlöffel dunkler Rum
1,5 cl Rotwein
1 cl Orangensaft
3 Eiswürfel

Gin Tonic

Für 1 Glas
Eiswürfel
4 cl Gin
Tonic Water
1 Zitronenscheibe

Eiswürfel in ein Longdrinkglas geben, Gin hinzufügen, mit Tonic Water auffüllen und eine Zitronenscheibe in den Drink geben.

Gin Old Fashioned

Den Zucker mit wenig Sodawasser in einem Tumbler auflösen, Eiswürfel, Gin und Angostura hinzufügen und mit Sodawasser auffüllen. Mit einer halben Orangen- und Zitronenscheibe servieren.

Für 1 Glas
1 Tl Zucker
Sodawasser
Eiswürfel
4 cl Dry Gin
1 Spritzer Angostura
je 1/2 Orangen- und Zitronenscheibe

Fallen Angel

Für 1 Glas
4 cl Gin
2 cl Zitronensaft
2 Spritzer grüne Crème de Menthe
1 Spritzer Angostura
3 Eiswürfel

Gin, Zitronensaft, Crème de Menthe, Angostura und Eiswürfel in einem Shaker kräftig mischen. In ein kleines Cocktailglas abseihen.

Napoleon

Gin, Curaçao, Dubonnet und Fernet Branca in einem Rührglas verrühren. In ein Longdrinkglas umgießen und mit der Zitronenzeste und Orangenscheibe garnieren.

Für 1 Glas
4 cl Gin
2 cl Curaçao Orange
2 Barlöffel Dubonnet
1 Spritzer Fernet Branca
1 Zitronenzeste
1/2 Orangenscheibe

White Lady

Für 1 Glas
2 cl Gin
2 cl Cointreau
2 cl Zitronensaft
Eiswürfel
1 Cocktailkirsche

Gin, Cointreau, Zitronensaft und Eiswürfel in ein Glas geben und umrühren. Mit einer Cocktailkirsche servieren.

Cognac Alexander

Crème de Cacao, Cognac und Sahne im Shaker kräftig schütteln. In eine Cocktailschale mit einigen Eiswürfeln gießen und mit etwas Muskatnuss bestäuben.

Für 1 Glas
2 cl braune Crème de Cacao
4 cl Cognac
4 cl Sahne
Eiswürfel
Muskatnuss

B & B

Für 1 Glas
2 cl Brandy
2 cl Bénédictine
Eiswürfel

Brandy und Likör im Mixglas auf Eis verrühren und in ein Likörglas oder einen Cognacschwenker abseihen.

Big Boy

Brandy, Cointreau und Zitronensirup mit einigen Eiswürfeln im Shaker schütteln und in ein Cocktailglas abseihen.

Für 1 Glas
3 cl Brandy
1 cl Cointreau
1 cl Zitronensirup
Eiswürfel

Italian Lover

Für 1 Glas
1,5 cl Brandy
1,5 cl Baileys
1,5 cl Amaretto
1,5 cl Sahne
1 Physalis
Eiswürfel

Brandy, Baileys, Amaretto und Sahne mit einigen Eiswürfeln im Mixer cremig mixen. In eine kleine Cocktailschale abfüllen und mit der Physalis dekorieren.

Paradise

Für 1 Glas
3 cl Apricot Brandy
2 cl Gin
2 cl Orangensaft
6 Eiswürfel

Brandy, Gin, Orangensaft und 4 Eiswürfel in einem Shaker kräftig schütteln. In ein Cocktailglas abseihen und 2 frische Eiswürfel hineingeben. Nach Belieben dekorieren

Fifth Avenue

Für 1 Glas
2 cl Crème de Cacao
2 cl Apricot Brandy
2 cl Sahne

Crème de Cacao in ein Cocktailglas gießen, darauf vorsichtig den Brandy schichten und als letzte Schicht die Sahne aufgießen.

Sidecar

Brandy, Cointreau und Zitronensaft im Shaker auf Eis gut mixen und in ein vorgekühltes Cocktailglas abseihen.

Für 1 Glas
3 cl Brandy
3 cl Cointreau
3 cl Zitronensaft
Eiswürfel

Cognac Sour

Für 1 Glas
4 cl Cognac
2 cl Zitronensaft
1 cl Zuckersirup
Eiswürfel
Sodawasser
1/2 Zitronenscheibe

Cognac, Saft und Sirup im Shaker auf Eis gut schütteln und in einen Tumbler abseihen. Mit etwas Sodawasser auffüllen und mit einer halben Zitronenscheibe dekorieren.

Manhattan

Whisky, Vermouth und Angostura mit Eiswürfeln mischen und in eine Cocktailschale gießen. Mit einer Cocktailkirsche dekorieren.

Für 1 Glas

4 cl Canadian Whisky
2 cl Vermouth Rosso
1 Spritzer Angostura
Eiswürfel
1 Cocktailkirsche

Highball

Für 1 Glas
6 cl Whisky
2 cl Limettensaft
Eiswürfel
Soda

Whisky mit Limettensaft und Eiswürfeln in einem Shaker mixen und in ein Glas füllen. Mit Soda aufgießen.

Whisky-Sour

Whisky, Saft und Sirup im Shaker mit Eis schütteln und in einen Tumbler abseihen. Die Zitronenscheibe und die Cocktailkirsche ins Glas geben.

Für 1 Glas
4 cl Whisky
2 cl Zitronensaft
1 cl Zuckersirup
Eiswürfel
1 Zitronenscheibe
1 Cocktailkirsche

Old Fashioned

Für 1 Glas
4 cl Bourbon
1 Tl Zuckersirup
4 Spritzer Angostura
1 Spritzer Zitronensaft
Eiswürfel
1/2 Orangenscheibe
1 Cocktailkirsche

Bourbon, Zuckersirup, Angostura und Zitronensaft auf Eis in einen Tumbler geben und umrühren. Mit einer Cocktailkirsche und einer Orangenscheibe servieren.

Scottish Blood

Rotwein, Whisky und Zitronensaft im Shaker kräftig mixen. In ein Glas mit Eiswürfeln umgießen.

Für 1 Glas
4 cl trockener Rotwein
1,5 cl Scotch Whisky
1 Spritzer Zitronensaft
Eiswürfel

Harakiri Fizz

Für 1 Glas
4 cl Scotch Whisky
2 cl Zitronensaft
3 Barlöffel Läuterzucker
gekühltes Soda
2 Eiswürfel

Whisky, Zitronensaft und Läuterzucker im Shaker mixen. Die Eiswürfel in einen mittelgroßen Tumbler geben, den Cocktail daraufgießen und mit gekühltem Soda aufgießen.

Earthquake

Whisky, Pernod und Gin mit 3 Eiswürfeln in einem Rührglas verrühren. Auf 2 frische Eiswürfel in einer Cocktailschale abseihen.

Für 1 Glas
2 cl Whisky
2 cl Pernod
2 cl Gin
5 Eiswürfel

Dandy

Für 1 Glas
3 cl Whisky
3 cl Dubonnet
3 Barlöffel Cointreau
1 Spritzer Angostura
1 Zitronentwist
1 Orangentwist
3 Eiswürfel

Whisky, Dubonnet, Cointreau und Angostura im Rührglas verrühren. In einen Tumbler mit den Eiswürfeln gießen und mit dem Zitronen- und Orangentwist garnieren.

Indian River

Whisky, Vermouth, Himbeerlikör, Grapefruitsaft und Eiswürfel im Shaker mixen. In ein Longdrinkglas umfüllen und mit einem Grapefruitschnitz garnieren.

Für 1 Glas

4,5 cl Whisky
3 Barlöffel Vermouth Bianco
3 Barlöffel Himbeerlikör
1,5 cl Grapefruitsaft
3 Eiswürfel
Grapefruitschnitz

Hurricane

Für 1 Glas

1,5 cl Whisky

1,5 cl Gin

1,5 cl weiße Crème de Menthe

1,5 cl Zitronensaft

Eiswürfel

1 Zitronenachtel

Whisky, Gin, Crème de Menthe und Zitronensaft in einem Shaker kräftig schütteln. Mit einigen Eiswürfeln in eine Cocktailschale umgießen und mit einem Zitronenachtel dekorieren.

Whisky-Crusta

Den Rand eines Tumblers mit Zitronensaft anfeuchten und in Zucker tauchen, damit ein Zuckerrand entsteht. Whisky und Wermut kühlen, in das Glas geben, sanft schwenken und mit Zitronensaft abschmecken. Den Whisky-Crusta mit einer Cocktailkirsche garniert servieren.

Für 1 Glas
Zitronensaft
Zucker
2 cl Whisky
2 cl Wermut
1 Cocktailkirsche

Sex on the Beach

Für 1 Glas
Crushed Ice
3 cl Wodka
2 cl Melonenlikör
1 cl Grenadine
6 cl Cranberrysaft
6 cl Ananassaft
Eiswürfel
1 Sternfruchtscheibe
1 Melonenstück

Crushed Ice in ein Ballonglas geben. Alle Zutaten im Shaker mit Eis mixen und in das Glas abseihen. Mit der Sternfrucht und der Melone dekorieren.

Kamikaze

Wodka, Cointreau und Lime Juice verrühren und in eine Cocktailschale mit Crustarand abseihen. Den Glasrand mit einem Limettenachtel dekorieren.

Für 1 Glas
2 cl Wodka
2 cl Cointreau
2 cl Lime Juice
1 Limettenachtel

White Russian

Für 1 Glas
3 cl Wodka
2 cl Kaffeelikör
Eiswürfel
2 cl Sahne

Wodka und Kaffeelikör in einen Tumbler mit Eis geben und alles umrühren. Zum Schluss die Sahne langsam über einen umgedrehten Kaffeelöffel dazugießen.

Swimming Pool

Im Elekromixer alle Zutaten mit einigen Eiswürfeln gut durchmixen. Danach die Mischung in ein ebenfalls mit einigen Eiswürfeln gefülltes Longdrinkglas geben. Gut umrühren und mit Fruchtstücken garnieren.

Für 1 Glas
4 cl Wodka
2 cl Blue Curaçao
4 cl Kokossirup
12 cl Ananassaft
2 cl Sahne
Eiswürfel
2 Fruchtstücke

Bloody Mary

Für 1 Glas
5 cl Wodka
1 cl Zitronensaft
10 cl Tomatensaft
Worcestersauce
Tabasco
Selleriesalz
Pfeffer
Eiswürfel

Wodka, Zitronen- und Tomatensaft im Shaker auf Eis kräftig schütteln oder im Mixglas gut verrühren. Mit Gewürzen abschmecken und servieren. Nach Belieben dekorieren.

Screwdriver

Den Wodka in einen Tumbler auf Eis geben und mit Orangensaft auffüllen. Mit der Orangenscheibe dekorieren.

Für 1 Glas
4 cl Wodka
Eiswürfel
16 cl Orangensaft
1 Orangenscheibe

Black Russian

Für 1 Glas
3 cl Kaffeelikör
3 cl Wodka
3 cl Sodawasser
Eiswürfel

Den Kaffeelikör mit dem Wodka in einen Tumbler gießen. 2 Eiswürfel dazugeben. Soda im Rührglas auf Eis vermischen und langsam über den Cocktail gießen.

Just Now

Für 1 Glas
2 cl Wodka
2 cl Pfirsichlikör
0,5 cl Blue Curaçao
1 cl Ananassaft
Kumquats
3 Eiswürfel

Wodka, Pfirsichlikör, Blue Curaçao und Ananassaft mit den Eiswürfeln im Shaker mixen. In ein kleines Cocktailglas abgießen. Mit Kumquats garnieren.

Heartbeat

Für 1 Glas
3 cl Wodka
3 cl Galliano
3 Barlöffel Chartreuse grün
2 cl Zitronensaft
6 Eiswürfel

Wodka, Galliano, Chartreuse und Zitronensaft mit 3 Eiswürfeln im Shaker schütteln. In eine große Cocktailschale 3 frische Eiswürfel geben und den Cocktail darauf abseihen.

Aqua Marina

Wodka, Crème de Menthe und Zitronensaft im Shaker mit einigen Eiswürfeln schütteln. In ein Longdrinkglas abseihen und mit eisgekühltem Sekt auffüllen.

Für 1 Glas

5 cl Wodka
2,5 cl grüne Crème de Menthe
2,5 cl Zitronensaft
Eiswürfel
eisgekühlter Sekt

Atlantis

Für 1 Glas
4 cl Wodka
2 Barlöffel Pfirsichlikör
2 cl Grapefruitsaft
3 Eiswürfel
eisgekühltes Bitter Lemon

Wodka, Pfirsichlikör und Grapefruitsaft im Shaker kräftig schütteln. Die Eiswürfel in das Longdrinkglas geben, den Cocktail daraufgießen und mit eisgekühltem Bitter Lemon auffüllen. Nach Belieben garnieren.

Cosmopolitan

Wodka Citron, Cointreau, Limettensaft, Preiselbeersaft und einige Eiswürfel im Shaker kräftig mixen. In ein kleines Glas abseihen und mit der Zitronenscheibe garnieren.

Für 1 Glas
4 cl Wodka Citron
1,5 cl Cointreau
1,5 cl Limettensaft
3 cl Preiselbeersaft
Eiswürfel
1/2 Zitronenscheibe

White Cloud

Für 1 Glas
3 cl Wodka
2 cl weiße Crème de Cacao
1 cl Sahne
1 Barlöffel Kokosnusssirup
Eiswürfel

Wodka, Crème de Cacao, Sahne und Kokosnusssirup mit einigen Eiswürfeln mixen und in ein Cocktailglas abseihen. Mit Trinkhalmen servieren.

Blue Lagoon

Wodka, Curaçao und Zitronensaft auf Eiswürfeln verrühren und in eine Cocktailschale mit Crustarand abseihen. Dann mit Zitronenlimonade auffüllen. Mit Zitronenschale dekorieren.

Für 1 Glas
4 cl Wodka
2 cl Blue Curaçao
1 cl Zitronensaft
Zitronenlimonade
Zitronenschale

Bikinicocktail

Für 1 Glas
2 cl Wodka
2 cl Crème de Bananes
2 cl Sahne
Eiswürfel
Bananenscheiben

Wodka, Crème de Bananes und Sahne mit einigen Eiswürfeln im Shaker schütteln. In ein Longdrinkglas abfüllen und einige Eiswürfel dazugeben. Mit Bananenscheiben dekorieren.

Gypsy Queen Cocktail

Wodka, Bénédictine und Orange Bitter im Shaker mit den Eiswürfeln kräftig schütteln. In ein Cocktailglas abseihen.

Für 1 Glas
5 cl Wodka
1 cl Bénédictine
1 Spritzer Orange Bitter
3 Eiswürfel

Smith & Wesson

Für 1 Glas
4 cl Tequila
4 cl Aprikosensaft
Eiswürfel
Zucker
2 cl Amaretto
1 Limette
Für den Crustarand:
Limettensaft und Zucker

Mit Limettensaft und Zucker ein Longdrinkglas mit einem Crustarand versehen. Tequila und Aprikosensaft im Shaker auf Eiswürfeln gut schütteln und in das Longdrinkglas auf Eis abseihen. Anschließend den Amaretto dazugeben. Mit Limettenspalten garnieren.

Erdbeer-Margarita

Den Erdbeerlikör und den Tequila mit Zitronensaft und Eiswürfeln im Shaker kräftig schütteln. Anschließend über ein Barsieb in eine Cocktailschale mit Zuckerrand gießen. Mit Erdbeeren garnieren.

Für 1 Glas
10 cl Erdbeerlikör
4 cl Tequila
1 cl Zitronensaft
Eiswürfel
Erdbeeren zum Garnieren
Für den Crustarand: Zitronensaft und Zucker

Margarita

Für 1 Glas
4 cl Tequila
2 cl Triple Sec
2 cl Zitronensaft
Eiswürfel
Für den Salzrand:
Zitronensaft und Salz

Den Rand eines Cocktailglases in Zitronensaft und dann in Salz tauchen. Dann alle Zutaten im Shaker auf Eis mixen und vorsichtig in das vorbereitete Glas gießen. Nach Belieben dekorieren.

Mango-Tequila

Die Mango schälen, den Kern entfernen und das Fruchtfleisch zerkleinern. Mangofleisch, eine Tasse Crushed Ice, Tequila und Zitronensaft in einem Elektromixer pürieren und in eine große Cocktailschale abseihen. Mit Minze dekorieren.

Für 1 Glas
1/2 Mango
Crushed Ice
5 cl Tequila
1 cl Zitronensaft
frische Minze

Tequila Sunrise

Für 1 Glas
5 cl Tequila
10 cl Orangensaft
Crushed Ice
2 cl Grenadine

Tequila und Orangensaft in einen Shaker geben, dann etwas Crushed Ice dazugeben. Gut durchschütteln. Den Cocktail in ein Longdrinkglas füllen und die Grenadine langsam dazugießen. Warten, bis sie sich abgesetzt hat. Den Cocktail erst kurz vor dem Trinken umrühren.

Strawberry Margarita

Zur Dekoration den Rand zweier Cocktailschalen mit einem Zitronenviertel befeuchten und in einen flachen, mit Zucker gefüllten Teller tupfen. Tequila, Cointreau, Zitronensaft, Erdbeersirup, Erdbeeren und ca. 6 Eiswürfel im Elektromixer gut durchmischen und in die Cocktailschalen abgießen.

Für 1 Glas

2 Zitronenviertel
Zucker
2 cl Tequila
2 cl Cointreau
2 cl Zitronensaft
4 cl Erdbeersirup
6 Erdbeeren
Eiswürfel

Frozen Margarita

Für 1 Glas
1 Limette
Salz
4 cl Tequila
1 El Orangenlikör
Crushed Ice

Die Limette abwaschen und halbieren. 1/2 Limette auspressen. Mit der anderen Hälfte den Rand eines Cocktailglases einreiben und diesen dann in Salz tauchen.

Tequila mit Limettensaft, Orangenlikör und Crushed Ice in einen Mixer geben und zu einer zähflüssigen Eismasse vermixen.

Info

Die Margarita ist einer der bekanntesten und auch wandlungsfähigsten Cocktails. Ganz charakteristisch ist der Salzrand.

Das Originalrezept finden Sie auf Seite 106, es gibt allerdings unzählige Variationen für den Cocktail. Frozen Margaritas werden mit viel Eis im Mixer zubereitet. Sie sind dann fast gefroren und haben eine sehr cremige Konsistenz.

Andere Variationen werden mit Fruchtmark oder fruchtigen Likören zubereitet. So erhalten Sie Mango-, Erdbeer- oder auch Melonen-Margarita.

Maria Theresia

Für 1 Glas
3 cl Tequila
1,5 cl Preiselbeersaft
2 cl Limettensaft
Eiswürfel
1/2 Zitronenscheibe

Tequila, Preiselbeersaft und Limettensaft mit einigen Eiswürfeln im Shaker kräftig schütteln. In ein kleines Cocktailglas abseihen und die Zitronenscheibe an den Glasrand stecken.

Ulysses

Brandy, Vermouth und Cherry Brandy mit einigen Eiswürfeln verrühren. In eine Cocktailschale abseihen und mit der Orangenzeste servieren.

Für 1 Glas
2 cl Brandy
2 cl Vermouth Dry
2 cl Cherry Brandy
Eiswürfel
1 Orangenzeste

Pimm´s No. 1 Cup

Für 1 Glas
5 cl Pimms No. 1
2 cl Ginger Ale
Zitronenlimonade
Eiswürfel
2 Orangenachtel
1 Kirsche
1 Apfelstück
1 Gurkenstück

Pimms No. 1 und Ginger Ale in ein Glas geben und mit Zitronenlimonade auffüllen. Eiswürfel sowie Orangenachtel, Kirsche, Apfel und Gurke dazugeben.

Diabolo

Vermouth, Portwein, Zitronensaft und Eiswürfel in einem Shaker kräftig schütteln. In einen Tumbler abseihen und mit der Zitronenzeste dekorieren.

Für 1 Glas
2 cl Vermouth
4 cl weißer Portwein
2 Barlöffel Zitronensaft
3 Eiswürfel
1 Zitronenzeste

Vermouth Cocktail

Für 1 Glas
3 cl Vermouth Bianco
3 cl Vermouth Dry
2 Spritzer Orange Bitter
3 Eiswürfel
1 Cocktailkirsche

Vermouth, Orange Bitter und Eiswürfel im Rührglas verrühren. In eine Cocktailschale abseihen und mit der Cocktailkirsche garnieren.

Sherry Cocktail

Sherry, Vermouth und Orange Bitter mit den Eiswürfeln in einem Rührglas kräftig verrühren. In ein Longdrinkglas abseihen.

Für 1 Glas
6 cl Sherry
1,5 cl Vermouth Dry
2 Spritzer Orange Bitter
4 Eiswürfel

Vampire

Für 1 Glas
3 cl Vermouth Dry
3 cl Gin
1,5 cl Limettensaft
Eiswürfel

Vermouth, Gin und Limettensaft mit einigen Eiswürfeln im Shaker schütteln. In eine Cocktailschale abseihen.

Aperol 86

Aperol, Vermouth und Cointreau mit einigen Eiswürfeln in einem Rührglas vermischen. In eine Cocktailschale abseihen und mit der Erdbeere garnieren.

Für 1 Glas
2 cl Aperol
2 cl Vermouth Dry
2 cl Cointreau
Eiswürfel
1 Erdbeere

Leviathan

Für 1 Glas
1,5 cl Vermouth Bianco
3 cl Brandy
1,5 cl Orangensaft
3 Eiswürfel

Vermouth, Brandy, Orangensaft und Eiswürfel im Shaker kräftig mixen. In ein Cocktailglas mit Crustarand abseihen und nach Belieben dekorieren.

Orange Blossom

Vermouth und Gin mit dem Orangensaft verrühren. Mit einigen Eiswürfeln und einem Spieß aus Orangenachteln in einem Longdrinkglas servieren.

Für 1 Glas
2 cl Vermouth Bianco
2 cl Dry Gin
3 cl Orangensaft
Orangenachtel
Eiswürfel

Diplomat

Für 1 Glas
4,5 cl Vermouth Dry
1,5 cl Vermouth Bianco
3 Barlöffel Maraschino
2 Spritzer Orange Bitter
Eiswürfel
1 Zitronentwist

Vermouth, Maraschino, Orange Bitter und einige Eiswürfel verrühren. In ein Cocktailglas abseihen und mit dem Zitronentwist garnieren.

Trinidad

Vermouth, Rum und Angostura mit Eiswürfeln verrühren. In ein Glas abseihen und nach Belieben dekorieren.

Für 1 Glas
3 cl Vermouth Dry
3 cl Trinidad Rum
1 Spritzer Angostura
2 Eiswürfel

Marmon

Für 1 Glas
2 cl Vermouth Dry
2 cl Cherry Brandy
2 cl Kirschwasser
3 Eiswürfel
1 Cocktailkirsche

Vermouth, Brandy und Kirschwasser mit den Eiswürfeln im Shaker schütteln. In eine große Cocktailschale umfüllen und mit der Cocktailkirsche garnieren.

Scarlett O'Hara

Southern Comfort, Preiselbeersaft und Limettensaft mit den Eiswürfeln im Shaker schütteln und in ein kleines Tulpenglas abseihen.

Für 1 Glas
2,5 cl Southern Comfort
2,5 cl Preiselbeersaft
1 cl Limettensaft
4–5 Eiswürfel

Americano

Für 1 Glas

5 cl Vermouth Rosso

3 cl Campari

Eiswürfel

2 Orangenscheiben

Soda-, Mineral- oder Heilwasser

Vermouth und Campari im Shaker auf Eis gut schütteln und in ein Longdrinkglas mit Crustarand geben. Mit einer Orangenscheibe über den inneren Glasrand gehen und den Drink mit dem Saft der Orangenscheibe abspritzen. Je nach Geschmack mit Wasser auffüllen und dekorieren.

New Yorker

Southern Comfort mit dem Limettensaft und einigen Eiswürfeln in einen Shaker geben und kräftig schütteln. In ein Cocktailglas abseihen und mit dem Limettenstück garnieren.

Für 1 Glas
6 cl Southern Comfort
1,5 cl Limettensaft
Eiswürfel
1 Limettenstück

Green Coconut

Für 1 Glas
8 cl Ananassaft
6 cl naturtrüber Apfelsaft
1 Eigelb
1 cl Kokosnusscreme
1 cl Blue Curaçao
Eiswürfel
gestoßenes Eis

Säfte, Eigelb, Kokosnusscreme und Curaçao im Shaker auf Eis gut schütteln. In ein zu einem Drittel mit gestoßenem Eis gefülltes Glas geben und servieren.

Tropical

Für 1 Glas

4 cl Batida de Coco
1/2 Honigmelone
1 Barlöffel Limettensaftkonzentrat
1 Limettenscheibe
3 Eiswürfel

In einem Mixer Eiswürfel, Batida de Coco, Honigmelone und Limettensaftkonzentrat mixen. Den Cocktail in ein Longdrinkglas umfüllen und mit der Limettenscheibe garnieren.

After All

Für 1 Glas

2 cl Pfirsichlikör
2 cl Calvados
2 cl Zitronensaft
Eiswürfel
1 Sternfruchtscheibe

Pfirsichlikör, Calvados und Zitronensaft im Shaker mit einigen Eiswürfeln mixen und in ein Glas abseihen. Mit einer Sternfruchtscheibe garnieren.

Rock'n'Roll

Brandy mit einigen Eiswürfeln im Shaker schütteln. In eine Cocktailschale abseihen, mit eisgekühltem Champagner auffüllen und mit der Zitronenscheibe dekorieren.

Für 1 Glas
3 cl Apricot Brandy
3 cl Pisco Brandy
Eiswürfel
12 cl eisgekühlter Champagner
1 dünne Zitronenscheibe

Imperial Delight

Für 1 Glas
3 cl Cognac
3 Spritzer Curaçao Triple Sec
3 Spritzer Fernet Branca
eisgekühlter Champagner

Cognac, Curaçao und Fernet Branca verrühren und in eine Cocktailschale geben. Mit eisgekühltem Champagner auffüllen.

Bellini

Pfirsichsaft und Apricot Brandy im Champagnerkelch oder Sektglas verrühren und mit eisgekühltem Champagner auffüllen. Bei Bedarf zusätzlich Eiswürfel dazugeben.

Für 1 Glas
5 cl Pfirsichsaft
1 Spritzer Apricot Brandy
Champagner
Eiswürfel

French 75

Für 1 Glas
3 cl Gin
1 cl Zitronensaft
1 Tl Zuckersirup
Eiswürfel
Champagner

Gin, Saft und Sirup im Shaker auf Eis gut mixen, in ein Champagner- oder Sektglas abseihen und mit Champagner auffüllen.

Kir Royal

Crème de Cassis (je nach persönlichem Geschmack kann man die Menge variieren) in einen Sektkelch geben und mit Champagner auffüllen.

Für 1 Glas
1 cl Crème de Cassis
Champagner

James Bond

Für 1 Glas
4 cl Wodka
4 Spritzer Angostura
Eiswürfel
Champagner

Wodka mit Angostura im Shaker auf Eis kräftig schütteln, in eine Sektflöte geben und mit Champagner auffüllen.

Flying

Gin, Triple Sec und Zitronensaft mit Eiswürfeln im Shaker kräftig schütteln. Danach in eine Cocktailschale abgießen und mit Sekt auffüllen. Die Cocktailkirsche hineingeben.

Für 1 Glas
2 cl Gin
2 cl Triple Sec
2 cl Zitronensaft
Eiswürfel
Sekt
1 Cocktailkirsche

Ritz Cocktail

Für 1 Glas
2 cl Weinbrand
2 cl Cointreau
2 cl Orangensaft
Eiswürfel
Sekt
Orangenstück

Alle Zutaten ohne Sekt im Shaker auf Eiswürfeln kräftig schütteln und mit Sekt auffüllen. In einen Tumbler abgießen und mit einem Orangenstück garniert servieren.

Champagner Cocktail

Den Würfelzucker in der Sektschale mit Angostura tränken. Mit Champagner auffüllen. Nach Belieben noch 2 cl Cognac dazugeben. Das Glas mit einer Zitronenschale dekorieren.

Für 1 Glas

1 Stück Würfelzucker
3 Spritzer Angostura
Champagner
2 cl Cognac
Schalenspirale einer Zitrone

Alkoholfreie Cocktails

Virgin Colada

Für 1 Glas
50 ml Kokosmilch
50 ml Ananassaft
50 ml Sahne
Crushed Ice
1 Ananasschnitz
1 Physalis

Kokosmilch, Ananassaft und Sahne im Shaker gut miteinander mischen. Crushed Ice in ein Longdrinkglas geben. Den Cocktail in das Glas füllen und mit dem Obst garnieren. Mit Trinkhalm servieren.

Pussy Cat

Ananassaft, Orangensaft und Cassissirup mit den Eiswürfeln in einem Shaker kräftig mixen. Dann in ein Longdrinkglas umfüllen und mit einem Ananasstück und zwei Cocktailkirschen garniert servieren.

Für 1 Glas
6 cl Ananassaft
6 cl Orangensaft
2 cl Cassissirup
4 Eiswürfel
1 Stück Ananas
2 Cocktailkirschen

Virgin Mary

Für 1 Glas
10 cl Tomatensaft
1 cl Zitronensaft
Salz
Pfeffer
Worcestersauce
Tabasco
Eiswürfel
1 Stück Staudensellerie

Tomatensaft mit Zitronensaft und Gewürzen abschmecken und gut verrühren.

In einen Tumbler 2–3 Eiswürfel geben und die Virgin Mary darübergießen. Mit Sellerie dekorieren.

Info

Tomatensaft können Sie auch ganz leicht selbst herstellen: Dazu 20 große Fleischtomaten mit Haut grob würfeln. In einen großen Topf geben, salzen, aufkochen lassen und für ca. 1 Std. auf kleiner Flamme köcheln lassen. Danach alles durch ein feines Sieb passieren. Die aufgefangene Flüssigkeit mit Pfeffer und Salz nach Belieben abschmecken und erneut aufkochen. Für das Rezept empfehlen wir die besonders wohlschmeckende Ochsenherztomate (Cœr de bœuf).

Apricot Fizz

Für 1 Glas
6 cl Aprikosensaft
2 cl Orangensaft
2 cl Zitronensaft
1 cl Mandelsirup
Eiswürfel
Sodawasser
1 Orangenscheibe

Alle Zutaten außer der Orangenscheibe und dem Sodawasser im Shaker auf Eiswürfeln kräftig schütteln, in ein Longdrinkglas auf Eiswürfel abseihen und mit Sodawasser auffüllen. Den Cocktail mit Orange garnieren.

Strawberry Fields

Sirup und Säfte auf Eis in einem Shaker kurz und kräftig schütteln. In eine Cocktailschale auf Crushed Ice abseihen und mit kohlensäurehaltigem Mineralwasser auffüllen. Mit Erdbeere und Sahne garnieren.

Für 1 Glas
2 cl Erdbeersirup
4 cl Birnensaft
3 cl Zitronensaft
6 cl Aprikosensaft
Eiswürfel
Crushed Ice
Mineralwasser
geschlagene Sahne
1 Erdbeere

Green Banana

Für 2 Gläser

1 El Zitronensaft
3 cl Pfefferminzsirup
1 cl Blue Curaçao alkoholfrei
1–2 Bananen
200 ml Milch
100 ml Ananassaft

Zitronensaft, Sirup und Blue Curaçao miteinander verrühren. Die Bananen schälen und in Scheiben schneiden. Milch mit Ananassaft verrühren. Alles in einem Shaker gut durchmixen. Drink in zwei Gläser füllen und servieren.

Info

Die Banane wird auch Dessertbanane oder Obstbanane genannt. Der Weltmarkt wird seit den 60er Jahren beherrscht von der Sorte Cavendish, benannt nach William Cavendish, Herzog von Devonshire, der im 19. Jahrhundert Bananen im heimischen Gewächshaus anpflanzte. Sie kommt ursprünglich aus Südchina. Die Banane ist eine nachreifende Frucht und je nach Reifegrad erfrischend bis übersüß.

Frozen Strawberry

Für 2 Gläser
100 g Erdbeeren
2 cl Zitronensaft
2 cl Läuterzucker
7 cl Ananassaft
Crushed Ice
Erdbeeren
zum Garnieren

Erdbeeren waschen und putzen. Alle Zutaten im Mixer sämig pürieren und auf zwei kleine Gläser verteilen. Mit Fruchtspießen servieren.

Mistral

Zucker und Grapefruitsaft in ein Longdrinkglas geben. Kräftig umrühren, bis sich der Zucker aufgelöst hat. Mit gekühltem Mineralwasser auffüllen, Eiswürfel nach Belieben hineingeben und mit dem Grapefruitschnitz dekorieren.

Für 1 Glas
2 Tl Zucker
6 cl Grapefruitsaft
150 ml Mineralwasser
1 Grapefruitschnitz

Mint-Tonic

Für 1 Glas
4 frische Minzeblättchen
1 cl Zuckersirup
Eiswürfel
4 cl Pfefferminzsirup
6 cl Zitronensaft
Tonic Water
Schalenspirale von 1 Limette

Die Minze und den Zuckersirup mit einem Stößel in einem Cocktailglas zerdrücken. Einige Eiswürfel, Pfefferminzsirup und Zitronensaft dazugeben und gut umrühren.

Mit Tonic Water auffüllen und nochmals gut umrühren. Die Schalenspirale an den Glasrand hängen.

Info

Zuckersirup (auch Läuterzucker genannt) findet in vielen Cocktails Verwendung und Sie können ihn auch ganz leicht selbst herstellen: Hierfür 1 kg Zucker und 1 Liter Wasser in einem Topf aufkochen und etwa 3 Min. köcheln lassen. Abgekühlt und in Flaschen abgefüllt, hält sich Zuckersirup monatelang. Wenn der Zuckeranteil kleiner ist, ist der Sirup nicht so lange haltbar.

Miami

Für 1 Glas
14 cl Ananassaft
1 cl Zitronensaft
1 cl Zuckersirup
1 cl Pfefferminzsirup
Eiswürfel
1 Zitronenschnitz

Säfte und Sirup im Shaker gut schütteln und in einen Tumbler auf Eiswürfel abseihen. Mit Zitrone dekorieren.

Florida-Cocktail

Alle Zutaten mit Eis in einen Shaker geben und gut schütteln. Anschließend in eine Cocktailschale abseihen und nach Belieben dekorieren.

Für 1 Glas
6 cl Ananassaft
3 cl Zitronensaft
1 cl Grenadine
Eiswürfel

Ipanema

Für 1 Glas
1 Limette
3 cl Lime-Juice
4 1/2 Tl brauner Zucker
Crushed Ice
Zitronenlimonade

Die Limette hieß abwaschen, trocknen und vierteln. Die Limettenviertel mit dem Lime-Juice und dem braunem Zucker in einem Glas mit einem Stößel zerdrücken.

Etwas Crushed Ice dazugeben und mit Zitronenlimonade auffüllen. Mit Trinkhalm servieren.

Info

Wussten Sie, dass es auch süße Limettensorten gibt? In Europa sind allerdings nur die sauren Sorten erhältlich. Die Früchte sind etwas kleiner als Zitronen und dunkel- bis gelb-grün. Das Fruchtfleisch ist sauer, mit herben Noten. Für Cocktails wird auch gerne die Schale von ungespritzten Exemplaren zum Aromatisieren oder Verzieren verwendet.

Scarlett Dream

Für 1 Glas
2 Tl Limettensaft
1 Tl Zucker
1 cl Himbeersirup
10 cl Sodawasser
Eiswürfel
Grenadinesirup und Zucker für den Crustarand

Für den rosa Crustarand den Rand eines Tumblers zunächst in Grenadinesirup, dann in Zucker tauchen. Limettensaft mit Zucker und Himbeersirup verrühren. Die Mischung mit einigen Eiswürfeln und dem Soda in einen Shaker geben und kräftig schütteln. Vorsichtig in das Glas mit dem Crustarand abseihen.

Glacier Express

Grapefruitsaft mit Lime-Juice, Zitronensaft und Eiswürfeln im Shaker mixen und anschließend in einen Tumbler abseihen. Den Cocktail mit der Zitronenscheibe und der Cocktailkirsche garnieren.

Für 1 Glas
12 cl Grapefruitsaft
4 cl Lime-Juice
2 cl Zitronensaft
4 Eiswürfel
1 Cocktailkirsche
1/2 Zitronenscheibe

Bowle & Punschrezepte

Sommernachtsbowle

Für 1 Bowlegefäß

500 g frische Sauerkirschen
2 reife Birnen
1 Orange
4 cl Kirschlikör
Saft von 1 Orange
1 El Zucker
1/2 Zimtstange
2 Flaschen Roséwein, gekühlt
1 Flasche Sekt, eisgekühlt

Die Kirschen waschen und entsteinen. Die Birnen schälen, Kerngehäuse entfernen und in Spalten schneiden. Orange inklusive der weißen Haut schälen und das Fruchtfleisch in dünne Scheiben schneiden.

Alle Früchte in ein Bowlegefäß geben. Mit Kirschlikör, Orangensaft, Zucker und Zimtstange vermischen. Mit Roséwein bedecken. Zugedeckt 3–4 Stunden im Kühlschrank ziehen lassen.

Kurz vor dem Servieren die Zimtstange herausnehmen und die Bowle mit dem Sekt auffüllen.

Tipp

Kirschlikör selbst herstellen ist gar nicht so schwer. 750 g Sauerkirschen waschen und trocken tupfen. 5 Kirschen entkernen und die Kerne (am besten in einem Gefrierbeutel) zerschlagen. Die Kerne mit den Kirschen, 250 g weißem Kandiszucker, 2 Zimtstangen, etwa 1 Tl geriebener Orangenschale und 2 Nelken in ein großes Glas schichten. 700 ml Doppelkorn darübergießen, fest verschließen und ca. 5–7 Wochen an einem kühlen, dunklen Ort durchziehen lassen. Dabei öfter schütteln. Den Likör filtern und in Flaschen abfüllen.

Maibowle

Für 1 Bowlegefäß

1 Büschel Waldmeister ohne Blüten
2 Flaschen milder Weißwein
1 Honigmelone
5 El Crème de Menthe
1 Flasche Sekt, eisgekühlt

Waldmeister waschen, trocken tupfen, zusammenbinden und in ein Bowlegefäß hängen. Mit gekühltem Weißwein übergießen und an einem kühlen Platz eine halbe Stunde ziehen lassen. Die Melone halbieren, entkernen und mit einem Kugelausstecher Kugeln aus dem Fruchtfleisch lösen. Waldmeister aus dem Gefäß nehmen, die Melonenkugeln und den Likör hineingeben. Mit Sekt auffüllen und umrühren.

Silvesterpunsch

500 ml Wasser mit den Gewürzen und dem Zucker 5 Minuten kochen. Die Zitrone waschen, trocknen, in Scheiben schneiden und die Kerne entfernen. Den Rotwein und die Zitrone zum Zuckerwasser geben. Alles erneut erhitzen, ohne es kochen zu lassen. Den Punsch durchseihen, Rum dazugeben und heiß servieren.

Für 1 Bowlegefäß

3 Nelken
1/2 Zimtstange
300 g Zucker
1 Zitrone
2 Flaschen Rotwein
1/4 l Rum

Bananen-Beeren-Bowle

Für 1 Bowlegefäß

300 g Beeren (z. B. Brombeeren, Himbeeren, Johannisbeeren)

100 g Zucker

4 mittelgroße Bananen

1/8 l Weinbrand

1 Flasche nicht zu trockener Weißwein

1 Flasche Sekt

Die Beeren waschen und zuckern. Bananen schälen, in nicht zu dicke Scheiben schneiden und einige Zeit im Weinbrand ziehen lassen. Kurz vor dem Servieren die Beeren und Bananenscheiben in ein Bowlegefäß geben, mit gut gekühltem Wein und Sekt aufgießen und in Bowlegläser füllen.

Rosen-Bowle

Die Rosenblätter verlesen, waschen und gut abtropfen lassen. Blüten mit dem Zucker bestreuen, mit Weinbrand und 1 Flasche Wein übergießen und mindestens 1 Stunde kühlen. Dann die Flüssigkeit in ein Bowlegefäß abseihen. Mit eisgekühltem Wein, Crème de Cassis und Sekt auffüllen und mit Rosenblättern dekorieren.

Für 1 Bowlegefäß

7–8 ungespritzte Rosenblüten (stark duftend)
50 g Zucker
4 cl Weinbrand
2 Flaschen trockener Weißwein
250 ml Crème de Cassis
1 Flasche Sekt
Rosenblätter zum Garnieren

Aprikosen-Melonen-Bowle

Für 1 Bowlegefäß
250 g Aprikosen
1 Wassermelone
2 cl Grenadine
Saft von 1 Zitrone
Saft von 2 Orangen
2 Flaschen milder Weißwein
1 Flasche eisgekühlter Sekt

Die Aprikosen kreuzweise einritzen, mit kochendem Wasser überbrühen, dann häuten, entkernen und das Fruchtfleisch in Spalten schneiden. Melone vierteln und entkernen. Mit einem Kugelausstecher kleine Kugeln herauslösen.

Früchte in ein Bowlegefäß geben. Grenadine, Zitronen- und Orangensaft untermischen. Mit Weißwein bedecken und zugedeckt 4 Stunden kühlen.

Vor dem Servieren mit dem restlichen Weißwein und dem Sekt auffüllen.

Info

Die Aprikose wird auch Marille genannt. Nur reif geerntete Aprikosen entfalten ihr volles Aroma. Dann sind sie süß-säuerlich, das Fruchtfleisch ist fest und saftig zugleich. Unreif geerntete Früchte schmecken sauer, trocken und mehlig. Im Kühlschrank gelagert verlieren Aprikosen ihr Aroma.

Sangria

Für 1 Bowlegefäß

1 Honigmelone

2 Orangen

1/2 l frisch gepresster Orangensaft

1 l Rotwein

Zucker

Eiswürfel

Das Fruchtfleisch der Melone in Stücke schneiden. Die Orangen in dünne Scheiben schneiden. Mit Orangensaft und Rotwein in einen Bowlekrug geben, eventuell mit Zucker süßen. 1 Stunde ziehen lassen und mit Eiswürfeln servieren.

Zitrus-Bowle

Orangen und Grapefruits inklusive der weißen Haut abschälen. Fruchtfilets herauslösen und den Saft auffangen. Fruchtfilets und -saft in ein Bowlegefäß geben, mit Zucker bestreuen und mit Amaretto übergießen. Früchte ca. 1 Stunde zugedeckt ziehen lassen. Gut gekühlten Weißwein zufügen, mit Zitronensaft abschmecken und mit eisgekühltem Sekt auffüllen.

Für 1 Bowlegefäß

4 Orangen
4 Grapefruits
4 El Zucker
10 cl Amaretto
1 l trockener Weißwein
Saft von 1/2 Zitrone
1 Flasche trockener Sekt

Kürbis-Bowle

Für 1 Bowlegefäß

400 g Kürbisfleisch
1 Limette
1 El Zucker
1 Flasche Traubensaft
1 Flasche Mineralwasser
1 Flasche Sekt

Mit einem Kugelausstecher das Kürbisfleisch herauslösen und in ein Bowlegefäß geben. Limette in dünne Scheiben schneiden, die Hälfte der Scheiben auf die Kürbisbällchen geben und den Zucker daraufstreuen. Den Saft angießen und 2–3 Stunden kühl stellen. Mit Mineralwasser und Sekt aufgießen und die restlichen Limettenscheiben zugeben.

Mirabellen-Bowle

Die Früchte in ein Bowlegefäß geben und mit Grenadine und Orangensaft mischen. Eiskalten Weißwein darübergießen, bis die Früchte bedeckt sind. Zugedeckt 3–4 Stunden im Kühlschrank durchziehen lassen. Kurz vor dem Servieren mit dem restlichen Wein und dem eisgekühlten Sekt auffüllen.

Für 1 Bowlegefäß

750 g Mirabellen (gewaschen, entsteint und in Spalten geschnitten)

1–2 El Grenadine

Saft von 4 Orangen

2 Flaschen trockener Weißwein

1 Flasche Sekt

Apfel-Bowle

Für 1 Bowlegefäß

6 säuerliche Äpfel

Zucker

Saft von 2 Zitronen

8 cl Calvados

1 Flasche Apfelsaft

1 Flasche Apfelwein

2 Flaschen kohlensäurehaltiges Mineralwasser

Zitronenmelisse

Die Äpfel schälen, vierteln, entkernen und in feine Scheiben schneiden. Sofort zuckern, mit Zitronensaft und Calvados vermengen.

Mit dem Apfelsaft begießen, bis sie bedeckt sind, und über Nacht an einem kühlen Platz durchziehen lassen.

Äpfel in ein Bowlegefäß geben, mit eiskaltem Apfelwein und dem restlichen Apfelsaft auffüllen und umrühren. Mineralwasser hinzufügen und mit Zitronenmelisse dekorieren.

Variation

Wenn Kinder mittrinken sind, können Sie diese Bowle auch ganz leicht alkoholfrei herstellen, indem Sie den Calvados weglassen und den Apfelwein durch Apfelsaft ersetzen.

Für einen Kindergeburtstag könnten Sie zusätzlich die Gläser mit einem farbigen Crustarand versehen. Hierzu den Rand der Bowlegläser zunächst in Kirschsirup und anschließend in Zucker tauchen.

Schön sind auch farbige Eiswürfel, die Sie zum Beispiel mit rotem Kirschsaft oder in Eis eingeschlossenen Früchten herstellen können.

Apfel-Ingwer-Bowle

Für 1 Bowlegefäß

3 süß-säuerliche Äpfel
1/4 l Apfelsaft
1/2 l Ginger Ale
1 Tl Ingwer (gehackt)
2 Flaschen Mineralwasser

Äpfel waschen, entkernen und in Würfel schneiden. Mit Apfelsaft, Ginger Ale und Ingwer ca. eine Stunde ziehen lassen. Anschließend mit Mineralwasser auffüllen.

Erdbeer-Bowle

Die Erdbeeren waschen, putzen, halbieren und mit Zucker ansetzen, bis sie Saft ziehen. Danach die Erdbeeren mit einer Flasche Rotwein und dem Weinbrand übergießen und je nach Konsistenz der Früchte bis zu 2 Stunden ziehen lassen. Zum Servieren die zweite Flasche Rotwein dazugeben und die Bowle mit Wasser (oder Sekt) auffüllen.

Für 1 Bowlegefäß

500 g Erdbeeren
200 g Zucker
2 Flaschen Rotwein
100 ml Weinbrand
2 Flaschen Mineralwasser (oder Sekt)

Sangrita

Für 1 Bowlegefäß

1 l Tomatensaft
2 Orangen
2 Limetten
1 Zwiebel
1 1/2 Tl Salz
1 Tl Pfeffer
2 Tl Zucker
einige Spritzer Tabascosauce
Eiswürfel

Den Tomatensaft in ein großes Gefäß geben. Orangen und Limetten auspressen und den Saft zu dem Tomatensaft geben. Die Zwiebel schälen und reiben. Mit den restlichen Zutaten unter die Säfte rühren. Sangrita bis zum Servieren kühlen. Mit Eiswürfeln servieren.

Beeren-Rhabarber-Bowle

Die Erdbeeren waschen, entstielen und große Früchte halbieren. Rhabarber waschen und in dünne Scheiben schneiden. Erdbeeren und Rhabarberscheiben in ein Bowlegefäß geben, zuckern und 1 Flasche Wein dazugießen. Eine Stunde im Kühlschrank ziehen lassen. Anschließend den restlichen Wein und kurz vor dem Servieren den eisgekühlten Sekt dazugießen.

Für 1 Bowlegefäß

500 g Erdbeeren
2 Stangen Rhabarber
200 g Zucker
3 Flaschen Weißwein
1 Flasche Sekt

Exotische Fruchtbowle

Für 1 Bowlegefäß

4 Kiwis,
1 kleine Ananas,
1 Mango
1 Papaya
200 g Zucker
2 Päckchen Vanillezucker
1 Flasche Orangensaft
2 Flaschen Weißwein
1 Flasche Mineralwasser
Eiswürfel
2 Bund Zitronenmelisse nach Belieben

Die Kiwis schälen und in Scheiben schneiden. Ananas und Mango schälen und Fruchtfleisch würfeln. Die Papaya schälen, halbieren, entkernen und würfeln.

Alle Früchte in ein Bowlegefäß geben, mit Zucker und Vanillezucker bestreuen und ca. 15 Minuten im Kühlschrank ziehen lassen.

Den gut gekühlten Saft, den Wein und das Wasser angießen, Eiswürfel dazugeben und weitere 30 Minuten kühl stellen.

Die klein geschnittene Zitronenmelisse kurz vor dem Servieren unter die Bowle ziehen.

Info

Die Mango ist die Nationalfrucht der Inder (dort sind über 1000 Sorten bekannt) und heute weltweit in den Tropen beheimatet. Die Frucht ist relativ groß und besitzt einen flachen, länglichen Stein. Unreife Früchte erkennen Sie an der grünen, Vollreife an der orangeroten Schale. Mangos schmecken erst ab einem gewissen Reifestadium richtig gut, sie sind dann hocharomatisch, saftig-süß und besitzen ein zartes Fruchtfleisch.

Pfefferminz-Melonen-Bowle

Für 1 Bowlegefäß

1 Honigmelone
8 El Zitronensaft
1 El Puderzucker
4 cl Pfefferminzlikör
1 Flasche Sekt

Die Melone halbieren, entkernen und das Fruchtfleisch klein würfeln. Den Zitronensaft mit Puderzucker verrühren, mit dem Likör vermischen und auf die Melonenwürfel geben. Die marinierten Melonenwürfel kühl stellen. Vor dem Servieren auf Gläser verteilen und mit Sekt auffüllen.

Erdbeer-Fruchtbowle

Erdbeeren mit Zucker in ein Bowlegefäß geben. Zitrusfrüchte waschen, dünn abschälen und die Hälfte der Schalen in feine Streifen schneiden. Früchte auspressen. Saft und Zesten mit den Erdbeeren mischen und kühl stellen. Nach 2 Stunden den Erdbeersaft abgießen, umrühren, den Wein angießen und 2 Stunden ruhen lassen. Dann den Sekt zugießen und umrühren. Gläser mit Zitrusschale und Minzeblättchen dekorieren.

Für 1 Bowlegefäß

750 g frische Erdbeeren, küchenfertig und halbiert
75 g Zucker
1 Zitrone
1 Orange
1 Flasche trockener Weißwein
1 Flasche Sekt
Minzeblättchen, gewaschen

Johannisbeer-Bowle

Für 1 Bowlegefäß

600 g rote Johannisbeeren
100 g Brombeeren
2 Limetten
1 El Puderzucker
1/4 l roter Johannisbeersaft
1 Flasche Roséwein
2 Flaschen Sekt

Die Beeren waschen und putzen. Limetten schälen und in dünne Scheiben schneiden. Früchte in ein Bowlegefäß geben und mit Puderzucker bestreuen. Johannisbeersaft darübergießen und mit Wein auffüllen, bis die Früchte bedeckt sind. 3–4 Stunden kühlen. Kurz vor dem Servieren mit restlichem Wein und eisgekühltem Sekt auffüllen.

Honigmelonenbowle

Die Melone entkernen und das Fruchtfleisch würfeln, die Banane schälen und das Obst mit den Säften im Mixer mit 4 Tl Crushed Ice bei niedriger Drehzahl mixen. Mit kalter Zitronenlimonade auffüllen.

Für 1 Bowlegefäß

1 Honigmelone
1 Banane
8 cl Johannisbeersaft
10 cl roter Grapefruitsaft
Crushed Ice
1 Flasche Zitronenlimonade

Melonen-Bowle

Für 1 Bowlegefäß

1 kleine Melone
100 g Zucker
2 Päckchen Vanillezucker
geriebener Ingwer
4 cl Weinbrand
2 Flaschen Rotwein
1 Flasche Selterswasser (oder Sekt)

Die Melone halbieren, entkernen, schälen und in kleine Würfel schneiden. Die Würfel in ein Bowlegefäß geben. Zucker, Vanillezucker und geriebenen Ingwer nach Geschmack darübergeben.

Mit Weinbrand übergießen und mit Rotwein auffüllen, bis die Früchte bedeckt sind. Das Bowlegefäß auf Eis stellen und die Früchte 1 Stunde ziehen lassen.

Zum Servieren den restlichen Rotwein zugeben und mit eisgekühltem Wasser oder Sekt auffüllen.

Info

Ingwer ist eine südasiatische Wurzel. Es gibt sie meist frisch im Handel, aber auch getrocknet als Pulver. Ingwer ist frisch zu bevorzugen, er hat ein scharfwürziges Aroma und findet nicht nur in der Küche, sondern auch als Heilpflanze Verwendung. Mit heißem Wasser aufgegossen, gilt Ingwer bzw. Ingwersud als bewährte Hilfe bei Erkältungen.

Feuerzangenbowle

Für 1 Bowlegefäß
2 Flaschen Rotwein
Saft von 1 Zitrone
Saft von 1 Orange
1 Zuckerhut
1/2 l Rum

Den Rotwein in einem Feuerzangenbowle-Kessel erhitzen. Säfte dazugeben. Quer über den Kessel die Feuerzange legen und den Zuckerhut daraufstellen. Mit etwas Rum übergießen und einziehen lassen. Anschließend anzünden. Langsam den restlichen Rum über den Zucker träufeln, bis dieser ganz geschmolzen und in den Kessel getropft ist.

Ananas-Bowle

Die Ananas schälen, das feste Mittelstück entfernen, Fruchtfleisch in Stücke schneiden und in ein großes Bowlegefäß geben. Ananas mit Zucker bestreuen und mit Gin, Curaçao und einer Flasche Weißwein übergießen. 2–3 Stunden ziehen lassen. Die zweite Flasche Weißwein und das Wasser dazugeben und mit dem Sirup abschmecken.

Für 1 Bowlegefäß

1 mittelgroße Ananas
150–200 g Zucker
2 cl Gin
2 cl Curaçao
2 Flaschen Weißwein
2 Flaschen Mineralwasser (oder Sekt)
Zuckersirup zum Abschmecken

Indischer Muskatpunsch

Für 1 Bowlegefäß
1 l starker, indischer Tee
Zucker
2 Zitronen
1/2 Flasche Rotwein
1/8 l Rum
1/8 l Weinbrand
frisch geriebene Muskatnuss
Zitronensaft

Den Tee mit Zucker süßen. Zitronen waschen, eine Zitronenschale abreiben und den Abrieb dazugeben, die Früchte in Scheiben schneiden. Danach Rotwein, Rum und Weinbrand hinzufügen. Den Punsch erhitzen, mit Muskat und Zitronensaft abschmecken. Zum Servieren Gläser mit dem Punsch füllen und die Zitronenscheiben darauf verteilen.

Apfel-Kiwi-Bowle

Den Apfel waschen und mit Schale in hauchdünne Scheiben hobeln. Kiwis schälen und in Stücke schneiden. Minzeblättchen fein hacken. Alles in ein Bowlegefäß geben, mit Puderzucker bestäuben und mit Zitronensaft beträufeln. Zugedeckt etwa 30 Minuten durchziehen lassen. Kurz vor dem Servieren mit dem gut gekühlten Wein und dem Sekt auffüllen.

Für 1 Bowlegefäß

1 grüner Apfel
3 Kiwis
1 Bund Minze
2 El Puderzucker
Saft von 1 Zitrone
2 Flaschen milder Weißwein
1 Flasche Sekt

Aprikosen-Trauben-Bowle

Für 1 Bowlegefäß

1 große Dose Aprikosen
1/8 Liter Aprikosennektar
1 Flasche weißer Traubensaft
1 Flasche Grapefruitsaft
1 Flasche Ginger Ale
Zitronenmelisse
1 Grapefruit

Aprikosen mit der Flüssigkeit in ein Bowlegefäß geben und mit dem Nektar vermischen. 30 Minuten ziehen lassen. Mit den gut gekühlten Säften und Ginger Ale übergießen. Zitronenmelisse nach Belieben in die Bowle geben. Mit Grapefruitscheiben garnieren.

Glühwein-Spezial

Weißwein, Rotwein, Zucker, Nelken und Zimtstange erhitzen, bis sich der Zucker gelöst hat. Die Zimtstange und die Nelken aus dem Glühwein entfernen. Alles in hitzebeständige Gläser füllen und heiß servieren.

Für 1 Bowlegefäß

1 Flasche Weißwein
2 Flaschen Rotwein
200 g Zucker
5 Nelken
1 Zimtstange

Pfirsich-Bowle

Für 1 Bowlegefäß

200 g Zucker
1 Pfund Pfirsiche oder
1 große Dose Pfirsiche
1/2 l Maracujasaft
1/8 l Zitronensaft
1/8 l Orangensaft
1 Flasche Mineralwasser

Zucker und 750 ml Wasser 5 Minuten lang kochen. Bei frischen Pfirsichen die Haut abziehen. Die Früchte in Stücke schneiden und in der Zuckerlösung ca. 3 Stunden ziehen lassen. Eiskalten Maracuja-, Zitronen- und Orangensaft dazugeben. Kurz vor dem Servieren mit Mineralwasser auffüllen.

Aprikosen-Bowle

Frische Aprikcsen waschen, putzen, häuten und in Stücke schneiden. Dosenfrüchte abtropfen lassen und klein schneiden. Traubensäfte und Zuckersirup zugeben und ca. 1 Stunde ziehen lassen. Mit Mineralwasser auffüllen.

Für 1 Bowlegefäß

500 g Aprikosen oder
1 große Dose Aprikosen
1/4 l weißer Traubensaft
1/4 l roter Traubensaft
2 cl Zuckersirup
2 Flaschen Mineralwasser

Brombeer-Bowle

Für 1 Bowlegefäß
250 g rote Johannisbeeren
500 g Brombeeren
2 Limetten
1 El Puderzucker
6 cl Brombeerlikör
1/4 l roter Johannisbeersaft
1 Flasche Roséwein
1 Flasche Rotwein
1 Flasche Sekt, eisgekühlt
Zitronenmelisseblättchen

Beeren waschen. Limetten schälen und in dünne Scheiben schneiden. Alle Früchte in ein Bowlegefäß geben und mit Puderzucker bestreuen.

Mit Likör vermischen, Saft darübergießen und mit Roséwein auffüllen, bis die Früchte bedeckt sind. 3–4 Stunden kühlen.

Kurz vor dem Servieren mit dem restlichen Wein und dem Sekt auffüllen und etwas Zitronenmelisse in die Bowle geben.

Info

Brombeerlikör kann man auch ganz leicht selbst herstellen: 1,5 kg Brombeeren, 1,5 l trockener Rotwein, 800 g Zucker, 1 Vanilleschote und 1 Zimtstange in einen großen Topf geben und etwa 30 min. köcheln lassen. Wenn die Flüssigkeit abgekühlt ist, 1,5 l Rum zugeben, den Likör durch ein Sieb abseihen und in Flaschen füllen. Den Likör mindestens 2 Wochen stehen lassen.

Wassermelonen-Bowle

Für 1 Bowlegefäß

1 Wassermelone

10 cl Apfelsaft

2 El Zucker

2 Flaschen trockener Weißwein

2 Flaschen Sekt

Melone halbieren und die Kerne entfernen. Mit einem Kugelausstecher das Fruchtfleisch herauslösen. Die Melonenkugeln in ein Bowlegefäß geben und Apfelsaft, Zucker und 1 Flasche Wein aufgießen. Etwa 2 Stunden kühl stellen. Anschließend die Bowle mit restlichem Wein und Sekt auffüllen und nach Belieben garnieren.

Tomaten-Bowle

Die Tomaten waschen, häuten und pürieren. Das Püree mit Zitronensaft und -schale, dem Zucker, Paprika und einer halben Flasche Wein ansetzen. Nach 1 Stunde in ein Bowlegefäß durchseihen. Restlichen Wein und Sekt dazugeben. In jedes Glas eine Zitronenscheibe geben und die Bowle eingießen.

Für 1 Bowlegefäß

500 g Tomaten
Saft von 3 Zitronen
1/4 Tl abgeriebene Zitronenschale
100 g Zucker
1 Tl Paprikapulver
2 Flaschen Weißwein
1 Flasche Sekt
einige Zitronenscheiben

Rotkäppchen-Bowle

Für 1 Bowlegefäß
500 g Zucker
2 Limetten
3 Flaschen Rotwein
1 Flasche Weißwein
1/2 Flasche Weinbrand
1 l starker Tee
2 Flaschen roter Sekt

Zucker mit Saft und abgeriebener Schale der Limetten, dem Rotwein und dem Weißwein in einem Topf ziehen lassen. Nach 2 Stunden bis fast zum Kochen erhitzen. Anschließend den Topf vom Herd nehmen. Den Weinbrand und den Tee einrühren. Wenn der Ansatz fast erkaltet ist, mit dem roten Sekt auffüllen.

Calvados-Bowle

Calvados, Orangensaft, Grenadine und Zitronensaft im Shaker auf Eis kräftig schütteln, in eine Karaffe auf viel Eis seihen und anschließend den Cidre und die Zitronenscheibe hinzufügen.

Für 1 kleines Bowlegefäß

8 cl Calvados
1/2 l Orangensaft
2 cl Grenadine
2 Spritzer Zitronensaft
Eiswürfel
1/2 l Cidre
1 Zitronenscheibe

Fruit Punch

Für 1 Bowlegefäß

700 ml l weißer Rum
25 cl Ananassaft
25 cl Orangensaft
12 cl Zitronensaft
Zuckersirup
1 1/2–2 Flaschen Ginger Ale
Orangen- und Zitronenscheiben zum Garnieren

Rum und die Säfte in ein Bowlegefäß geben. Zuckersirup nach Geschmack hinzufügen und einige Stunden kalt stellen. Vor dem Servieren mit Ginger Ale auffüllen und mit Zitronen- und Orangenscheiben dekorieren.

Limetten-Tee-Punsch

Den schwarzen Tee mit der Zimtstange aufkochen. Limettensaft hinzufügen und bei Bedarf mit Zucker süßen.

Für 1 Glas

1 Tasse starker schwarzer Tee
1 Zimtstange
2 cl Limettensaft
Zucker

Flips und Milchmixgetränke

Schnittlauch-Cocktail

Für 1 Glas
2 El Schnittlauchröllchen
1 Eigelb
10 cl Buttermilch
1 Tl Zitronensaft
Salz, Cayennepfeffer
2 Tl Crème double
2 El Naturjoghurt
Eiswürfel
Kräuter zum Garnieren

Die Schnittlauchröllchen mit den übrigen Zutaten und zwei Eiswürfeln im Mixer pürieren. In ein vorgekühltes Glas gießen und mit Kräutern dekorieren.

Katerkiller

Alle Zutaten im Shaker auf zwei Eiswürfeln gut schütteln und in einem hohen Glas mit Trinkhalm servieren. Orangenscheibe auf den Glasrand stecken.

Für 1 Glas
2 Tl Honig
2 cl Orangensaft
1/4 l Milch
1 Eigelb
1 Spritzer Angostura
Eiswürfel
1 Orangenachtel

Mandarinen-Shake

Für 1 Glas
4 cl Mandarinensirup
6 cl Orangensaft
4 cl Sahne
1 Eigelb
1 Spritzer Grenadine
Crushed Ice
1 Orangenachtel
1 Cocktailkirsche

Sirup, Saft, Sahne, Eigelb und Grenadine bis auf die Früchte mit Crushed Ice in einen Shaker geben und gut schütteln. Dann in ein Wasserglas gießen. Orangenachtel und Cocktailkirsche auf ein Spießchen stecken und das Glas damit dekorieren.

Multi-Flip

Sirup, Sahne, Eigelb und Säfte im Shaker auf Eiswürfeln kräftig schütteln, in ein Longdrinkglas auf Eiswürfel abseihen und nach Belieben garnieren.

Für 1 Glas
1 cl Mandelsirup
1 cl süße Sahne
1 Eigelb
3 cl Ananassaft
3 cl Orangensaft
3 cl Pfirsichsaft
2 cl Bananensaft
Eiswürfel

Cafe-Chocolat-Flip

Für 1 Glas

3–4 Messerspitzen löslicher Kaffee

2 El löslicher Kakao

1 Ei

4 cl Maraschino

4 cl Zitronen- oder Orangenlikör

2 Tl Puderzucker

etwas Schlagsahne

Kaffee, Kakao, Ei, Maraschino, Likör und Puderzucker in einen Mixbecher geben und schaumig schlagen. In einen Sektkelch geben und mit Schlagsahne verzieren.

Mokka-Eis-Flip

Kaffee zubereiten und mit dem Zucker oder Vanillezucker süßen. Kalt stellen. Je 2–3 Kugeln Mokka-Eiscreme in zwei Longdrinkgläser füllen und mit dem gekühlten Kaffee auffüllen. Steif geschlagene Sahne daraufgeben, den Eierlikör darübergießen und nach Belieben mit Schokoraspeln bestreuen.

Für 2 Gläser

2 Tassen sehr starker Kaffee (Mokka)
2 gehäufte Tl Zucker oder Vanillezucker
4–6 Kugeln Mokka-Eiscreme
Schlagsahne
8 cl Eierlikör
Schokoraspel zum Garnieren

Dickmilch-Cocktail

Für 4 Gläser

1 kleine Dose Aprikosen

Saft von 1 Zitrone

500 g Sahnedickmilch

1 Piccolo Sekt

1/2 Tl gestoßene Korianderkörner

Eiswürfel

Aprikosen mit Saft, Zitronensaft und Dickmilch im Mixer pürieren. Die Aprikosen-Dickmilch mit dem Sekt mischen, mit einem Hauch frisch gestoßenem Koriander würzen und durchrühren. Auf vier hohe Longdrinkgläser mit jeweils zwei Eiswürfeln verteilen, nach Belieben dekorieren und servieren.

Mandelmilch-Drink

Milch, Mandeln, Zucker, Vanillemark und Eierlikör im Shaker gut mischen. In die Gläser füllen und je eine Kugel Karamell- und Schokoeis hineingeben. Mit Schokoraspeln dekorieren.

Für 4 Gläser

3/4 l Milch
50 g fein gehackte Mandeln
40 g Zucker
Mark einer Vanilleschote
2 El Eierlikör
250 ml Karamell-Eiscreme
250 ml Schoko-Eiscreme
weiße Schokoraspeln

Milch-Punsch

Für 2 Gläser
400 ml Milch
4 Tl Zucker
2 cl Rum
3 Zimtstangen
1 El Weinbrand
1 El Orangenlikör
Zesten einer Orange

Die Milch erhitzen. Zucker, Rum und eine Zimtstange auf kleiner Flamme erwärmen. Weinbrand und Orangenlikör hinzufügen und bis kurz vor dem Sieden erhitzen.

Die heiße Mischung in einen Krug gießen und mit der heißen Milch auffüllen. In zwei hohe Gläser füllen, mit Zimtstangen und Orangenzesten servieren.

Tipp

Stellen Sie Orangenlikör doch einmal selbst her. Sie werden sehen: Er geht schnell, kostet wenig und duftet ganz wundervoll! Schneiden Sie 24 kleine Kerben in eine große Orange und stecken in jede Kerbe eine Kaffeebohne. Geben Sie die so präparierte Orange in ein Ansatzglas und geben Sie noch 300 g weißen Kandiszucker und 1 l Obstwasser dazu. Den Likör mindestens 3 Monate zugedeckt bei Zimmertemperatur stehen lassen.

Jogging-Flip

Für 1 Glas

6 cl frisch gepresster Orangensaft

4 cl frisch gepresster Grapefruitsaft

2 cl frisch gepresster Zitronensaft

1 Tl Grenadine

1 Eigelb

Eiswürfel

Orangensaft, Grapefruitsaft, Zitronensaft, Grenadine und Eigelb mit Eiswürfeln im Shaker gut mixen und in ein Longdrinkglas geben.

Obst-Flip

Orange schälen und mit den Pfirsichen im Mixer pürieren. Eier, Zucker und Joghurt dazugeben und alles gut verrühren. Auf vier Schalengläser verteilen und mit Mineralwasser auffüllen.

Für 4 Gläser
1 Orange
100 g Pfirsiche (aus der Dose)
3 Eier
4 El Zucker
1/2 l Joghurt
Mineralwasser

Quitten-Trunk

Für 2 Gläser

5 El Quittenmus oder
4 El Quittengelee

600 ml Buttermilch

2 El Puderzucker

1 Msp. Piment und
Zitronenmelisse
zum Garnieren

Quittenmus oder -gelee in etwas Buttermilch auflösen. Puderzucker und restliche Buttermilch hinzufügen. Mit dem Handmixer verquirlen und mit gemahlenem Piment aromatisieren. Mit Melisse garnieren.

Erdbeer-Melonen-Shake

Für 4 Gläser
1 kg Cantaloupmelone
160 g Erdbeeren
4 Minzezweige
500 g Naturjoghurt
4 El Honig

Melone schälen, entkernen und in Würfel schneiden. Erdbeeren verlesen, waschen und abtropfen lassen. Einige Minzeblättchen mit Melonenwürfeln und Erdbeeren (einige Stücke für die Dekoration zurückbehalten) im Mixer pürieren. Joghurt und Honig zugeben und gut durchrühren. In große Gläser füllen und mit einem Melonenspieß und Minze garnieren.

Nothing

Für 1 Glas

6 cl Johannisbeernektar
4 cl Maracujanektar
2 cl Orangensaft
1 Ei
Mineralwasser

Johannisbeer- und Maracujanektar, Orangensaft und Ei im Shaker gut mixen, in ein Longdrinkglas abseihen und mit Mineralwasser auffüllen.

Egg-Nogg

Den Rum zusammen mit dem Brandy, dem Ei und dem Puderzucker im Shaker mixen. 3 Eiswürfel in einen Tumbler geben, die Mischung darübergießen und mit Milch auffüllen. Zum Schluss Muskat darüberreiben.

Für 1 Glas
2,5 cl Rum
2,5 cl Brandy
1 Ei
1 Tl Puderzucker
Eiswürfel
Milch
1 Prise Muskatnuss

High-Colada

Für 1 Glas
12 cl Ananassaft
1 Eigelb
2 cl Kokosnusscreme
Eiswürfel
Crushed Ice
Ananas zum Garnieren

Saft, Eigelb und Kokosnusscreme im Shaker mit 6–7 Eiswürfeln gut schütteln und in ein zu einem Drittel mit Crushed Ice gefülltes Glas geben. Mit Ananasschnitz und Strohhalm servieren.

Tropic-Flip

Säfte, Ei und Grenadine im Shaker mit mehreren Eiswürfeln gut schütteln und in ein Glas auf gestoßenes Eis abseihen. Mit Zitronen- und Limettenscheibe dekorieren.

Für 1 Glas

2 cl frisch gepresster Zitronensaft
8 cl frisch gepresster Orangensaft
12 cl Ananassaft
1 Ei
0,5 cl Grenadine
Crushed Ice
1 Zitronenscheibe
1 Limettenscheibe

Bananen-Vanille-Shake

Für 2 Gläser
2 sehr reife Bananen
1/4 l Milch
4 El Vanilleeis
Schokostreusel

Die Bananen schälen, in große Stücke schneiden und in einen Mixer geben. Milch und Vanilleeis zugeben und alles gut pürieren.

In zwei Longdrinkgläser geben und mit Schokostreuseln bestreut servieren.

Tipp

Eis plus Milch: Das ist die wohl einfachste und schnellste Methode, um einen Milchshake herzustellen. Der Fantasie sind keine Grenzen gesetzt, denn Sie können nahezu jede Eissorte mit Milch mixen. Ob Sie noch zusätzlich einen Fruchtsaft hinzufügen, bleibt dabei ganz Ihrem Geschmack überlassen. Bei Fruchteis-Shakes empfiehlt es sich, zusätzlich noch ein paar frische Früchte mit Milch und Eis zu verquirlen – das macht den Genuss noch fruchtiger. Die frischen Früchte eignen sich dann auch natürlich noch für die Dekoration.

Orangen-Maracuja-Flip

Für 1 Glas
8 cl Maracujasaft
8 cl frisch gepresster Orangensaft
1 Eigelb
0,5 cl Grenadine
Eiswürfel
1 Cocktailkirsche und 1 Orangenschnitz zum Garnieren

Säfte, Eigelb und Grenadine im Shaker mit mehreren Eiswürfeln schütteln und in ein vorgekühltes Glas seihen. Mit Cocktailkirsche und Orangenschnitz dekorieren.

Surfertraum

Alle Zutaten, außer dem Mineralwasser und den Früchten, kräftig im Shaker schütteln und über Eis in ein Longdrinkglas abseihen. Mit Mangostückchen und Mineralwasser auffüllen und mit Limettenspirale garnieren.

Für 1 Glas

4 cl weißer Traubensaft
6 cl Kiwisaft
4 cl Bananensaft
1 Eigelb
4 cl Schlagsahne
4 cl Mineralwasser
einige Mangostückchen
Eiswürfel
Limettenspirale

Mokka-Flip

Für 1 Glas
4 cl Weinbrand
4 cl Gin
1 Tl Zucker
1 Eigelb
Eiswürfel
Zitronensaft
1 Tl Pulverkaffee

Den Weinbrand mit Gin, Zucker und Eigelb in einem Becher gut vermischen. Einige Eiswürfel in einen Mixbecher geben, dazu einen Spritzer Zitrone. Die Weinbrandmischung zugeben und schütteln. Den Mokka-Flip mit Pulverkaffee bestreut servieren.

Info

Ein Flip ist ein Weinbrandcocktail, der mit Eigelb oder einem ganzen Ei hergestellt wird. Im Gegensatz zu den Egg-Noggs wird aber weder Milch noch Sahne hinzugefügt. Wer es cremig mag, mixt dem Cocktail noch etwas Sahne mit Baileys unter und krönt das Ganze mit einem Sahnehäubchen. Als Dekoration eignen sich schokolierte Kaffeebohnen

Früchte-Flip

Für 2 Gläser
200 ml Kirschsaft
100 ml Traubensaft
1 Eigelb
Eiswürfel
Mineralwasser
1 El entsteinte Kirschen

Säfte und Eigelb gut vermengen. Eiswürfel auf zwei Gläser verteilen. Das Getränk in die Gläser gießen, mit Mineralwasser auffüllen und die entsteinten Kirschen hineingeben. Nach Belieben dekorieren.

Honig-Flip

Alle Zutaten außer der Johannisbeerrispe im Shaker mit Eiswürfeln kräftig durchschütteln und in ein Longdrinkglas abseihen. Die Johannisbeerrispe über den Glasrand hängen und servieren.

Für 1 Glas
20 cl Milch
2 cl schwarzer Johannisbeersaft
1 El Honig
1 Eigelb
Eiswürfel
1 Johannisbeerrispe

Brown-Coconut

Für 4 Gläser
400 ml Kakao
400 ml Kokosnusssaft
4 Eigelb
500 ml Schoko-Eiscreme
4 Tl Kokosraspeln
4 Tl Kakaopulver

Kalten Kakao, Koskosnusssaft und Eigelb im Mixer oder mit dem Mixstab schaumig rühren. Eiskugeln in vorgekühlte Gläser geben und rasch mit der Kakao-Mischung auffüllen. Mit Kokosraspeln und Kakaopulver bestreuen. Mit Trinkhalm und Löffel servieren.

Traubentraum

Milch, Traubensaft, Eigelb und Sirup mit Muskat im Shaker auf Eis gut schütteln. In ein vorgekühltes Glas abseihen. Mit Traubenrispe dekorieren.

Für 1 Glas
8 cl Milch
8 cl roter Traubensaft
1 Eigelb
2 cl Ahornsirup
1 Prise Muskatnuss
Eiswürfel
1 Traubenrispe

Pistazien-Flip

Für 1 Glas

1 Eigelb
12 cl Ananassaft
2 cl Sahne
3 cl Haselnusssirup
1 Kugel Pistazieneis
Eiswürfel
Pistazienkerne und Obststücke zum Garnieren

Eigelb, Saft, Sahne, Sirup und Eis im Shaker mit 2 Eiswürfeln mixen, in eine vorgekühlte Cocktailschale geben und mit geriebenen Pistazienkernen und Obst dekorieren.

Orange Morning

Honig, Orangensaft, Milch und Eigelb im Shaker auf 2 Eiswürfeln gut schütteln und in einem hohen Glas servieren. Orangenscheibe auf den Glasrand stecken.

Für 1 Glas
2 Tl Honig
2 cl Orangensaft
1/4 l Milch
1 Eigelb
Eiswürfel
1 Orangenscheibe

Kiwi-Dream

Für 1 Glas

2 cl frisch gepresster Zitronensaft
8 cl Ananassaft
1 Eigelb
2 cl Kokosnusscreme
3 Tl pürierte Kiwi
Eiswürfel
1 Kiwischeibe

Zitronensaft, Ananassaft, Eigelb, Kokosnusscreme und Kiwimus im Shaker mit mehreren Eiswürfeln schütteln und in ein Becherglas auf Eiswürfel abseihen. Mit Kiwischeibe und Trinkhalm servieren.

Info

Die Kokosnuss ist die Frucht der tropischen Kokospalme und Kokosraspel werden aus dem Fruchtfleisch hergestellt.

Kokoscreme ist nicht zu verwechseln mit der deutlich flüssigeren und geschmacksärmeren Kokosmilch. Kokoscreme ist vielmehr eine dickflüssige Creme aus eingedicktem Kokosfett, Kokosmilch und Rohrzucker.

Rezeptverzeichnis